국어 1회

문 1. <공공언어 바로 쓰기 원칙>에 따라 <공문서>의 ㉠~㉣을 수정한 것으로 적절하지 않은 것은?

<공공언어 바로 쓰기 원칙>
○ 주어와 서술어를 호응시킬 것.
○ 중복되는 표현을 삼갈 것.
○ 어렵고 상투적인 한문 투 표현을 피할 것.
○ 필요한 문장 성분이 생략되지 않도록 할 것.

<공문서>
○○○○부
수신 수신자 참조
(경유)
제목 코로나19 대응 복무 지침 이행 철저 요청

1. 최근 코로나19 유행 지표의 급격한 증가에 따라, 정부는 20○○년 3월 11일 자로 ㉠위기 경보를 '심각 단계'로 조정되었으며, ○○○○부 내에 중앙재난대책본부를 구성·가동하여 부처별 조치 상황을 실시간으로 점검하는 등 코로나19 확산 방지에 전력을 다하고 있습니다.
   ※ 최근 독감 의심 환자의 ㉡과반수 이상은 코로나19 감염으로 보임.
2. 이에 따라, 전 직원은 이미 알려 드린 우리 부 코로나19 대응 복무 지침을 철저히 숙지하여 ㉢감염 확산 방지에 철저를 기하여 주시기 바라며, 각 부서에서는 소속 직원이 의심 증상을 보이거나 직원의 가족이 코로나19에 감염되는 등 감염 확산의 우려가 있으면 감염 확산 방지를 위한 적절한 조치를 취한 뒤 ㉣이를 곧바로 알려 주시기 바랍니다.

① ㉠: 위기 경보를 '심각 단계'로 조정하였으며
② ㉡: 과반수 넘는 환자는
③ ㉢: 감염 확산 방지를 철저히 해 주시기 바라며
④ ㉣: 인사과에 이를 곧바로 알려 주시기 바랍니다

문 2. 다음 글의 ㉠의 사례에 포함되지 않는 것은?

홑받침이나 쌍받침과 같이 하나의 자음으로 끝나는 말 뒤에 모음으로 시작하는 형식 형태소(조사, 어미, 접미사)가 결합하는 경우 받침을 그대로 옮겨 뒤 음절 초성으로 발음하는 것이 국어의 원칙이며, 이것을 흔히 연음이라고 부른다. 한편 겹받침을 가진 말 뒤에 모음으로 시작하는 형식 형태소(조사, 어미, 접미사)가 결합하면 겹받침의 앞 자음은 음절의 종성에서 발음되고 겹받침의 뒤 자음은 다음 음절 초성으로 이동하여 발음된다. 받침의 자음 중 하나가 뒤 음절의 초성으로 옮겨 간다는 점에서 ㉠연음 현상에 포함된다.

① 찬란한 문화의 꽃을[꼬츨] 피웠다.
② 그 양계장은 닭이[달기] 수만 마리나 된다.
③ 그는 우리나라가 낳은[나은] 천재적인 과학자이다.
④ 형은 잔디를 깎아[까까] 주는 일을 부업으로 삼았다.

문 3. 다음 글의 ㉠~㉣ 중 어색한 곳을 찾아 가장 적절하게 수정한 것은?

방언의 분화는 크게 두 가지 원인에 의해 발생한다. 하나는 지역이 다름으로써 방언이 발생하는 경우이며, 다른 하나는 사회 계층, 성별, 세대 등 사회적인 요인들에 의해 방언이 발생하는 경우이다.
㉠지역이 다름으로 인해 형성된 방언을 지역 방언이라 한다. 두 지역 사이에 큰 산맥이나 강 또는 큰 숲이나 늪 등의 지리적인 장애가 있을 때 지역 방언이 발생하며, 이러한 뚜렷한 장애물이 없더라도 거리가 멀리 떨어져 있으면 그 양쪽 지역 주민들 사이의 왕래가 어려워지고 ㉡두 지역의 언어는 점차 다른 모습으로 발전해 가리라는 것은 쉽게 짐작되는 일이다. 행정 구역이 다르다든가 시장권이나 학군 등이 다르다는 것도, 서로 소원하게 함으로써 방언의 분화를 일으키는 요인이 된다.
방언은 지역이 달라짐에 따라서만 형성되는 것은 아니다. 즉, ㉢동일한 지역 안에서도 몇 개의 방언이 있을 수 있는 것이다. 한 지역의 언어가 다시 분화를 일으키는 것은 대개 사회 계층의 다름, 세대·연령의 차이, 또는 성별의 차이 등의 사회적 요인에 기인한다. 이처럼 지리적인 거리에 의해서가 아니라 사회적인 요인에 의하여 형성되는 방언을 사회 방언이라 한다. 사회 방언은 때로 계급 방언이라고 부르기도 하는데, 이는 사회 방언이 여러 가지 사회적 요인에 의하여 형성되지만 ㉣그중에서도 세대가 가장 중요한 요인임이 일반적인 데에서 연유한다.

① ㉠: 지역이 동일함으로 인해 형성된 방언을 지역 방언
② ㉡: 두 지역의 언어는 점차 비슷한 모습으로 발전
③ ㉢: 동일한 지역 안에서는 한 개의 방언만 있을 수 있는 것
④ ㉣: 그중에서도 사회 계층이 가장 중요한 요인임

문 4. 다음 글의 ㉠~㉢에 들어갈 말을 적절하게 나열한 것은?

작중 인물은 주인공인 주동 인물과 그에 대립하는 반동 인물로 나눌 수 있다. 작가가 긍정하는 인물은 주동 인물이며, 그와 갈등 관계를 맺는 인물은 반동 인물이 된다. 또한 작중 인물은 성격의 변화에 따라 성격이 고정된 평면적 인물과 성격이 변화하는 입체적 인물로 나눌 수 있다. 평면적 인물은 수동적이고 판에 박힌 인물을 말하는 것으로, 단일한 관점이나 성질을 가진 정적 인물이다. 주로 고전 소설에서 볼 수 있는데, 이를테면 '효'라는 상징으로 고정화되어 '불효'는 전혀 나타내지 않는 '심청'이라는 인물이 있다. 반면 입체적 인물은 능동적이며 스스로 결정을 내리고 책임질 수 있는 인물을 말한다. 미하일 바흐친은 소설의 주인공에 관하여 이미 완성되어 불변하는 인물로 묘사되어서는 안 되고, 계속 진화하고 발전하는 인물로 그려져야 한다고 보았다. 또한 그는 발전하는 인간을 설명할 때에는 그렇지 못한 인물형에 비해 묘사의 분량도 자연스럽게 많아질 수밖에 없다고 주장했다. 그렇기 때문에 바흐친은 ㉠ 은 ㉡ 에 비해 소설 지문 내에 차지하는 비중이 높고, ㉢ 의 유형으로 나타날 수밖에 없다고 하였다.

	㉠	㉡	㉢
①	주동 인물	반동 인물	평면적 인물
②	반동 인물	평면적 인물	반동 인물
③	입체적 인물	평면적 인물	주동 인물
④	평면적 인물	입체적 인물	반동 인물

문 5. 다음 글의 밑줄 친 결론을 이끌어 내기 위해 추가해야 할 것은?

> 인재정책과에서는 공무원 인재상을 인사관리의 기본 원칙으로 하여 인재 중심의 혁신을 추진한다. 만약 갑이 탁월한 직무 전문성을 갖추지 않았다면 공무원 인재상에 부합하지 않는다. 따라서 갑은 탁월한 직무 전문성을 갖추었다.

① 갑은 공무원 인재상에 부합한다.
② 갑은 탁월한 직무 전문성을 갖추지 않았다.
③ 갑이 공무원 인재상에 부합한다면 직무 만족도가 높다.
④ 갑이 탁월한 직무 전문성을 갖추었다면 공무원 인재상에 부합한다.

문 6. 다음 글을 이해한 내용으로 적절하지 않은 것은?

> 정지용의 시에는 섬세한 자연 묘사와 인간 존재에 대한 성찰이 어우러져 있으며, 그의 작품은 종종 현실과 이상의 갈등을 시적으로 형상화한다. 가령 「유리창」은 크게 두 부분으로 나누어지는데, 첫 번째 부분에서는 유리창이라는 매개체를 통해 단절된 현실 세계의 고독이 제시되고, 두 번째 부분에서는 그 고독을 넘어선 시인의 내면적 깨달음이 드러난다.
> 이 시에서 현실을 상징하는 유리창은 인간과 인간, 과거와 현재를 단절시키는 경계로 그려진다. "흐릿한 유리 너머로" 보이는 세상은 아름답지만 동시에 닿을 수 없는 거리감을 느끼게 한다. 유리창은 단순히 물리적 경계를 넘어 삶의 고독과 단절된 인간관계를 상징하며, 시인의 내면에 있는 깊은 상실감을 드러낸다.
> 하지만 시는 단절과 고독 속에서만 머무르지 않는다. 마지막 연에서 시인은 유리창을 통해 단절의 의미를 성찰하고, 그것을 새로운 가능성으로 전환한다. "투명한 창에 비친 풍경"은 단절된 세계 너머의 이상을 암시하며, "안으로 스며드는 빛"은 닿을 수 없는 것들에 대한 열망이 내면적 깨달음으로 이어지는 전환점을 제시한다. 여기서 빛은 현실적 고독과 단절을 넘어설 수 있는 희망과 연결되며, 시인은 이러한 깨달음을 통해 현실과 이상 사이의 화해를 모색한다.

① 정지용은 「유리창」에서 자연과 인간 간의 단절을 묘사한다.
② 정지용은 「유리창」을 통해 이상과 현실의 괴리를 표현하였다.
③ 정지용은 「유리창」의 '유리창'을 통해 자신의 내면을 고백한다.
④ 정지용은 「유리창」에서 인간이 지닌 고독과 상실을 드러낸다.

문 7. 다음 문장이 들어가기에 가장 적절한 곳을 ㉠~㉣에서 고르면?

> 이런 이집트에 그리스 사람들이 들어가 생명력을 불어넣었다고 생각하였다.

> 유럽의 개념과 관련하여 이집트에 대한 유럽인의 생각을 살펴보면 흥미롭다. 유럽인은 이집트를 유럽이 아닌 다른 세계에 귀속시켰다. 그들은 이집트가 문명의 원천이라고는 생각하였다. ㉠ 그러나 이집트가 지닌 지식은 쓸모없는 것으로 여겼다. ㉡ 따라서 근대에 들어서 유럽이 이집트를 지배한 것을 두고 유럽인들은 유럽의 우수성이 증명된 것으로 보았다. ㉢ 유럽인들은 '진부한 유럽 밖의 세계'나 이류(二流)를 가리키는 데 '동양'이란 단어를 사용하여, 유럽인의 우수성을 드러내려 하였다. ㉣ 유럽의 역동성과 비교하면 동양은 본질적으로 정체된 구조였으며, 열등하고 감정적이라고 생각하였다.

① ㉠ ② ㉡ ③ ㉢ ④ ㉣

문 8. 다음 개요의 수정·보완 방안으로 적절하지 않은 것은?

〈개 요〉
○ 제목: 학교 도서관 이용률 저조의 원인과 해결 방안
Ⅰ. 서론
　1. 학교 도서관 이용 실태 ……………………… ㉠
　2. 학교 도서관 이용률 저조로 인한 학생들의 독서량 부족
Ⅱ. 학교 도서관 이용률 증진의 필요성 …………… ㉡
　1. 특정 분야에 편중된 학교 도서관의 도서
　2. 도서 한 권당 대출 인원의 제한
Ⅲ. 학교 도서관 이용률 저조의 해결 방안
　1. 학교 도서관에 소장된 도서 권장 …………… ㉢
　2. 동시 이용이 가능한 구독형 전자책 서비스의 도입 ……… ㉣
Ⅳ. 결론
　1. 학교 도서관 이용률 증진을 통한 학생들의 독서량 증가
　2. 학교 도서관 활성화를 위한 지속적인 방안 마련

① ㉠: 학생 설문 조사를 통해 학생 1인당 연간 대출 권수와 같은 구체적인 수치를 제시한다.
② ㉡: 하위 내용을 고려하여 '학교 도서관 이용률 저조의 원인'으로 수정한다.
③ ㉢: 'Ⅱ-1'을 고려하여 '분야별로 다양한 도서 구입'으로 수정한다.
④ ㉣: 'Ⅱ-2'를 고려하여 '개별 맞춤형 책을 추천하는 북 큐레이션 서비스의 도입'을 추가로 제시한다.

문 9. 다음 글을 이해한 내용으로 가장 적절한 것은?

> 심층 심리학에서는 무의식이 인간의 행동과 사고에 중요한 영향을 미친다고 본다. 프로이트는 이러한 무의식을 탐구하기 위해 꿈, 실수, 농담 등 다양한 심리적 현상을 분석하였다. 그는 특히 꿈을 '무의식적 소망의 표현'으로 간주하며, 이를 통해 억압된 욕망이 어떻게 나타나는지를 연구하였다. 꿈에서 억압된 소망은 은유적이고 상징적인 형태로 나타나기 때문에, 이를 해석함으로써 무의식의 내용을 파악할 수 있다고 주장하였다.
> 프로이트는 또한 억압된 기억과 욕망이 개인의 행동과 정신 상태에 어떻게 영향을 미치는지를 설명하기 위해 방어 기제의 개념을 도입하였다. 그는 방어 기제가 무의식적 갈등에서 비롯된 불안을 해소하려는 시도로 작동한다고 보았다. 예를 들어, 억압(repression)은 불쾌하거나 위협적인 기억이나 충동을 의식에서 배제하려는 과정이며, 이러한 억압이 오래 지속되면 꿈이나 실수를 통해 무의식적으로 드러날 수 있다고 주장하였다. 이를 통해 그는 무의식적 갈등이 인간의 심리적 문제와 어떻게 연관되는지 밝히고자 하였다.

① 프로이트는 꿈이 억압된 욕망과 소망에 영향을 준다고 주장하였다.
② 프로이트는 억압된 기억과 욕망이 인간 행동에 영향을 미치지 않는다고 주장하였다.
③ 프로이트는 방어 기제가 무의식적 갈등으로 인한 불안을 해결하기 위해 작동한다고 보았다.
④ 프로이트는 억압은 방어 기제의 한 형태로, 위협적인 기억을 무의식에서 제거하려는 과정이라고 보았다.

국어 2회

문 1. 〈공공언어 바로 쓰기 원칙〉에 따라 〈보도 자료〉의 ㉠~㉣을 수정한 것으로 적절하지 않은 것은?

〈공공언어 바로 쓰기 원칙〉
○ 주어와 서술어를 호응시킬 것.
○ 필요한 문장 성분이 생략되지 않도록 할 것.
○ 이중 피동 표현을 사용하지 않을 것.
○ 중복되는 표현을 삼갈 것.

〈보도 자료〉

이동전화 요금 감면 신청 절차 대폭 간소화
- 신분증 하나로 요금 감면 신청 절차 완료 -

○○○○위원회는 8월부터 요금 감면 대상자가 이동전화 요금 감면을 신청할 때 별도의 증빙서류 제출 없이 주민자치센터, 이동전화 대리점 등 신청 장소에서 감면 신청과 즉시 확인을 할 수 있는 ㉠일괄 서비스가 제공된다.

그동안 감면 대상자가 요금 감면 혜택을 받으려면 ㉡주민자치센터에서 발급받은 증명 서류를 제출해야 하고, 1년마다 같은 절차로 반복해서 감면 신청을 해야 하는 등 이용자의 불편이 컸다. 그러나 ○○○○부의 적극적인 협조로 절차를 대폭 줄일 수 있게 되었다.

이동전화 감면 대상자는 앞으로 가정에서 온라인으로도 감면 신청을 할 수 있으며, 신분증만 가지고 가까운 이동통신사 대리점을 방문하거나 주민자치센터에 가서 요금 감면을 신청하고 현장에서 감면 대상임이 ㉢확인되어지면 곧바로 감면 절차를 ㉣완전히 완료할 수 있다.

① ㉠: 일괄 서비스를 제공한다
② ㉡: 주민자치센터에서 발급받은 증명 서류를 이동통신사 대리점에 제출해야 하고
③ ㉢: 확인하면
④ ㉣: 완료할 수 있다

문 2. 다음 글에서 추론한 것으로 적절하지 않은 것은?

일찍이 하이데거는 인간의 존재 인식의 수단을 언어라고 말한 바 있다. 언어를 '존재의 집'이라고 파악한 명제가 이를 잘 나타낸다. 여기서 언어는 단순한 일상어가 아니다. 그것은 일상어의 가장 정제된 형태로서의 시적 언어를 가리킨다.

언어, 즉 시적 언어를 통하여 인간은 자신의 존재를 확인하는 행위를 한다. 비록 세상에 던져진 존재일망정 인간은 언어가 있기 때문에 존재에 대한 두려움의 상당 부분을 해소할 수 있다. 인간은 언어를 통해 대화 또는 소통이라는 구조 속에 자리 잡을 수 있다. 그러므로 다른 사람이 읽는 문학 작품이나 자신만을 위해 쓴 일기 역시 이런 존재 확인 수단으로서의 언어의 발현이라고 보아도 무리는 없을 것이다.

그러므로 언어는 인간의 삶에 가장 본질적인 것이다. 추상적이거나 관념적인 실체를 설명하는 데에는, 언어적 형상 외에는 표현할 방법이 그리 많지 않다. 즉, 일상적 시야의 저편에 있어서 눈으로 확인할 수 없는 사물의 관념적 실체를 포착하는 작업 도구가 바로 시적 언어이다. 이런 사물의 관념적 실체는 현상과는 다른 본질이다. 시인은 시적 언어를 통해 이를 간파할 수 있는 것이다.

① 인간은 언어를 통하여 자기 존재를 표현한다.
② 인간은 문학 작품을 통해 타인과 소통할 수 있다.
③ 언어는 관념적인 실체를 포착할 수 있는 유일한 수단이다.
④ 시인은 언어를 통해 현상을 넘어 사물의 실체에 다다를 수 있다.

문 3. 다음 글을 이해한 내용으로 가장 적절한 것은?

둘 이상의 단어가 유의어 관계에 있는지 그렇지 않은지 어떻게 검증할 수 있을까? 유의어를 검증하는 방법에는 교체, 대립, 배열이 있다.

교체 검증을 통해 두 단어 사이의 유의 관계를 살펴볼 수 있지만, 대립 검증의 방법을 통해서도 이를 살펴볼 수 있다. 대립 검증이란 대립되는 말을 찾아서 그 의미의 동질성과 이질성을 구분하는 방법을 말한다. 만일 대립어가 동일하게 나타날 경우 두 단어 사이의 의미의 연관성이 매우 크다는 뜻이므로 두 단어는 유의어 관계에 있다고 볼 수 있다. 그런데 '작다'와 '적다'의 경우에는 두 단어가 부분적으로 동질성을 가지지만, 각각의 대립어는 '크다'와 '많다'로 다르게 나타난다. 이처럼 부분적인 의미의 동질성을 가진 말이라도 대립어가 다르면, 두 단어 사이의 의미 차이는 대립어가 같은 경우보다 더 크다는 점을 알 수 있다.

배열 검증은 유사한 의미를 갖는 단어들을 한꺼번에 모아 놓고 그 차이를 살펴보는 방법이다. 예를 들어, '불그레하다-붉다-새빨갛다'는 서로 다른 색을 지칭한다. 이렇게 나열하면 그 차이를 구분하여 생각할 수 있다. 그러나 '불그레하다'와 '붉다', 그리고 '붉다'와 '새빨갛다' 사이에 엄격한 경계선이 존재하는 것은 아니다. '불그레하다'와 '붉다' 사이에 존재하는 어떤 색이 아직 명칭을 갖지 못한 경우 혹자는 '불그레하다'로, 혹자는 '붉다'로도 쓸 수 있는 것이다.

① 대립 검증은 교체 검증에 비해 유의 관계를 살펴보는 데 더 효율적이다.
② 대립어가 동일하게 나타나면 두 단어는 유의어 관계가 성립하지 않는다.
③ 두 단어가 부분적으로 동질성을 가지더라도 각각의 대립어는 다를 수 있다.
④ '불그레하다'와 '붉다'의 경우 두 말 사이에 의미의 동질성이 확인되지 않는다.

문 4. 다음 글의 ㉠~㉣ 중 어색한 곳을 찾아 가장 적절하게 수정한 것은?

사람들은 단어와 문법 구조를 지닌 문장을 발화할 뿐만 아니라 그 문장을 통하여 행동을 하게 된다. "거기에 6시까지 갈게."라고 말할 때 이것은 단순한 발화가 아니라 ㉠'약속'이라는 실제적인 수행력을 갖는 행동을 유발한다. 이처럼 화자의 발화와 함께 취해지는 행위를 '화행'이라고 한다.

화행은 '직접 화행'과 '간접 화행'으로 나눌 수 있다. 기본적인 문장의 형태를 평서문, 의문문, 명령문이라고 할 때 이 문장 유형들의 일반적인 발화 의도는 각각 진술, 질문, 명령 또는 요청이라고 할 수 있다. 이와 같이 ㉡문장의 형태와 그것이 가지고 있는 발화 의도가 일치할 경우를 직접 화행이라 하고, 일치하지 않을 경우를 간접 화행이라 한다.

예컨대 "내일은 내 생일이야."라는 문장은 평서문의 형태를 취하고 있다. 만약 화자가 이 문장을 평서문의 일반적 발화 의도인 진술의 의도로 말한다면, 이 문장은 ㉢발화 의도와 문장의 형태가 일치하지 않는 간접 화행에 해당하게 된다. 하지만 화자가 처한 상황 맥락상 발화 의도가 "내일은 내 생일이니까 선물 꼭 사 와라."라는 의미라면, 이 문장은 일반적인 정보 전달의 의미 대신 명령이라는 다른 발화 의도가 이루어진 간접 화행이 된다. 일반적으로 간접 화행은 직접 화행보다 ㉣부드럽고 공손한 표현으로 받아들이는 경우가 많다.

① ㉠: '명령'이라는 실제적인 수행력을 갖는 행동을 유발
② ㉡: 일반적인 발화 의도와 실제 수행되는 행위가 일치할 경우
③ ㉢: 발화 의도와 문장의 형태가 일치하는 직접 화행에 해당
④ ㉣: 거칠고 공손하지 않은 표현으로 받아들이는 경우가 많다

문 5. (가)와 (나)를 전제로 할 때 빈칸에 들어갈 결론으로 가장 적절한 것은?

> (가) 노래를 잘 부르는 사람은 모두 대중가요를 즐겨 듣는다.
> (나) 노래를 잘 부르는 어떤 사람은 춤을 배운다.
> 따라서 _____.

① 춤을 배우는 사람은 모두 대중가요를 즐겨 듣는다
② 춤을 배우는 어떤 사람은 대중가요를 즐겨 듣는다
③ 대중가요를 즐겨 듣는 사람은 모두 노래를 잘 부른다
④ 대중가요를 즐겨 듣는 사람 중 일부는 춤을 배우지 않는다

문 6. 다음 글에 나타난 「진달래꽃」에 대한 이해로 적절하지 않은 것은?

> 김소월의 작품 속에 나타나는 이별의 정서는 한국의 전통적인 정서와 깊은 관련이 있다. 그가 표현한 이별 의식에는 한(恨)의 정서가 바탕에 깔려 있으면서도, 이를 승화시키는 한국인의 정서가 드러난다. 즉 이별로 인한 슬픔을 직접적으로 표출하기보다는, 아름다운 이미지로 승화시켜 극복하려는 인식이다. 이를 잘 보여 주는 작품으로 「진달래꽃」이 있다.
> 1연에서 화자는 '나 보기가 역겨워 가실 때에는'이라며 이별의 상황을 제시한다. 여기서 '역겨워'라는 표현은 이별의 원인이 자신에게 있음을 암시하며, 이는 화자의 자기희생적 태도를 보여 준다. 2연과 3연에서는 '말없이 고이 보내 드리우리다'라며 이별을 받아들이는 화자의 태도가 드러난다.
> 특히 3연의 '영변에 약산'과 '진달래꽃'은 이별의 정서를 아름다운 자연물로 승화시키는 역할을 한다. 그리고 마지막 연에서 '죽어도 아니 눈물 흘리우리다'라고 하는 것은 이별의 고통을 극복하고자 하는 강한 의지의 표현이다. 결국 이 시는 이별의 상황에서 느끼는 한과 슬픔을 아름다운 이미지로 승화시켜 표현하며, 의지적 태도로 이를 극복하려는 한국인의 정서를 담고 있는 것이다.

① 「진달래꽃」은 이별의 상황에서 느끼는 한과 슬픔을 표출하고 있다.
② 「진달래꽃」에는 이별의 고통을 아름다운 자연물로 승화시키려는 태도가 드러나 있다.
③ 「진달래꽃」에서 화자는 이별을 자책하면서도 그 상황을 의지적으로 극복하려는 모습을 보인다.
④ 「진달래꽃」에서 '죽어도 아니 눈물 흘리우리다'라는 표현은 이별의 원인을 밝히며, 이를 해소하려는 의지의 표출이다.

문 7. 다음 개요의 ㉠에 들어갈 내용으로 가장 적절한 것은?

> ─〈개 요〉─
> Ⅰ. 서론
> ─ 디지털 탄소 발자국의 정의와 기후 변화에 미치는 영향
> Ⅱ. 본론
> 1. 디지털 탄소 발자국 증가의 원인
>   가. 디지털 탄소 발자국에 대한 국민의 인식 부족
>   나. 디지털 탄소 발자국을 줄이기 위한 정부의 지침 부재
> 2. 디지털 탄소 발자국을 줄이기 위한 해결 방안
>   가. 디지털 탄소 발자국에 대한 국민의 인식 개선
>   나. ㉠
> Ⅲ. 결론
> ─ 디지털 탄소 발자국 줄이기에 동참할 것을 권유

① 디지털 탄소 발자국을 줄이기 위한 정부의 독자적인 노력
② 디지털 탄소 발자국을 줄이기 위한 환경 단체의 캠페인 추진
③ 디지털 탄소 발자국을 줄이기 위한 기업의 새로운 생산 공정 도입
④ 디지털 탄소 발자국을 줄이기 위한 정부의 세부 지침 마련 및 시행

문 8. ㉠~㉢에 들어갈 말로 가장 적절한 것은?

> 인격은 한 사람의 일관되고 광범위하며 자연스러운 판단과 행동, 정서 반응의 총합이다. ㉠ 이 인격으로 인해 자신뿐 아니라 주변에 피해를 주고, 그로 인해 사회생활의 전반적 적응에 문제를 일으키는 경우도 있다. 이를 인격 장애라고 한다. 우울증이나 불안 장애가 있는 사람이라면 자신의 문제를 인정하고 삶의 한 시기에 문제가 생길 수 있다는 것을 이해한다. 이들은 자신의 증상을 '본질적 나'의 구성과 다르다고 인식하며 그 문제 자체가 괴로움의 원인이 된다. ㉡ 인격 장애의 경우 인격 차원에서 문제가 되는 부분은 자신을 구성하는 본질의 일부이기에 불편하게 여기지 않고 오히려 자아에 잘 어울린다고 여긴다. ㉢ 자신이 타인에게 문제를 일으킨다고 생각하지도 않고, 불편해하지도 않는다는 것이다. 당연히 치료를 통해 변해야겠다는 생각도 하지 않는다. 서양에서는 불안증이나 우울증을 '신발 속의 자갈'로 비유한다. 겉으로는 멀쩡해 보이는 사람이지만 정작 신발 안의 돌 때문에 걸을 때마다 통증을 느낀다는 의미이다. ㉣ 인격 장애를 가진 사람은 '입안의 마늘'로 비유한다. 마늘을 좋아해서 양껏 먹었는데, 말할 때마다 마늘 냄새가 진동해서 주변 사람들이 고통스럽다는 것이다.

	㉠	㉡	㉢	㉣
①	게다가	그리고	곧	다만
②	대신에	하지만	결국	그뿐 아니라
③	그런데	그러나	즉	반면
④	더욱이	더구나	특히	만약

문 9. 다음 ㉠에 들어갈 말로 가장 적절한 것은?

> 갈릴레오는 17세기 이탈리아의 물리학자이자 천문학자로, 망원경을 통해 목성을 관찰하던 중 이전에는 알려지지 않았던 4개의 작은 위성을 처음으로 발견했다. 또한 그는 ㉠ 도 관측과 기록을 통해 알아냈다. 이들 위성의 위치가 주기적으로 변한다는 점은 당시에 일반적이었던 천동설(天動說)을 강하게 의심하게 만드는 근거가 되었다. 목성과 그 위성들이 관찰자를 중심으로 형성한 각도를 살펴보면, 이들이 지구가 아니라 목성을 공전하고 있음을 쉽게 알 수 있다. 이는 모든 천체가 지구 주위를 돈다는 기존 개념과 모순되었고, 결국 갈릴레오는 이를 근거로 지동설(地動說)을 옹호하는 핵심적 증거를 제시하게 되었다. 이러한 관측 결과들은 후대의 과학 발전에 큰 영향을 미쳤으며, 우주의 구조에 대한 인식 전환을 가속화하는 계기가 되었다.

① 목성을 중심으로 작은 위성이 공전한다는 사실
② 작은 위성과 목성의 위치가 수시로 변화한다는 사실
③ 목성과 작은 위성이 지구로부터 멀리 떨어진다는 사실
④ 지구를 중심으로 목성과 작은 위성이 공전한다는 사실

국어 3회

문 1. ⟨공공언어 바로 쓰기 원칙⟩에 따라 ⟨보도 자료⟩의 ㉠~㉣을 수정한 것으로 적절하지 않은 것은?

⟨공공언어 바로 쓰기 원칙⟩
○ 중복되는 표현을 삼갈 것.
○ 조사, 어미 등을 지나치게 생략하지 않을 것.
○ 불필요한 피동 표현을 쓰지 않을 것.
○ 부사어와 서술어를 호응시킬 것.

⟨보도 자료⟩

○○청 사칭, 전자 우편에 속지 마세요
– 첨부 파일 내려받지 말고 전자 우편 삭제하세요 –

□ 최근 ○○청 업무를 사칭한 여러 종류의 ㉠악성 전자 우편이 퍼져 유포되고 있어 주의해야 합니다.
□ ○○청에서는 누리집 알림창에 악성 전자 우편 대응 지침을 올리고, 악성 전자 우편을 발견한 즉시 ㉡대형 포털 해당 이메일 차단 요청, 경찰 수사 요청 등 피해를 최소화하고자 노력하고 있습니다.
□ ○○청 사칭이 의심되는 전자 우편을 받으면 피해를 입지 않도록 철저히 ㉢대비해야 합니다.
　○ ○○청은 ㉣마땅히 출석이나 신분 정보를 전자 우편으로 요청하지 않습니다.

① ㉠: 악성 전자 우편이 유포되고 있어
② ㉡: 대형 포털에 해당 전자 우편을 차단 요청하거나 경찰에 수사를 요청하는 등
③ ㉢: 대비가 요구됩니다
④ ㉣: 절대로

문 2. 다음 글의 ㉠의 사례가 포함되어 있지 않은 것은?

중세 국어 표기법의 일반적 원칙은 표음적 표기법으로, 이는 음운의 기본 형태를 밝혀 적지 않고 소리 나는 대로 적는 표기를 말한다. ㉠이어 적기는 이러한 원리에 따른 것으로 받침이 있는 체언이나 받침이 있는 용언 어간에 모음으로 시작하는 조사나 어미가 붙을 때 소리 나는 대로 이어 적는 표기를 말한다. 이어 적기는 중세 국어 시기에 활발하게 사용되다가 근대 국어에 이르러 점차 끊어 적기로 대체되기 시작했다. 근대 국어 시기에 체언과 조사, 어간과 어미를 분리하여 표기하기 시작하였고, 현대 국어에 이르러서는 원형을 밝혀 적는 끊어 적기를 원칙으로 취한다.

① 나랏 말쓰미(=나라의 말씀이)
② 불휘 기픈 남ᄀᆞᆫ(=뿌리 깊은 나무는)
③ 수비 니겨 날로 뿌메(=쉽게 익혀 날로 씀에)
④ 高麗(고려)ㅅ 사ᄅᆞᆷ 이어니(=고려의 사람이어니)

문 3. 다음 글에서 추론한 내용으로 적절하지 않은 것은?

'사람' 하면 우리 머릿속에 떠오르는 이미지가 있지만, '사'와 '람'으로 떼어서 말하면 '사람[人]'의 의미가 없어질 뿐 아니라 아무런 의미도 갖지 못한다. 이처럼 더 이상 분석하면 의미를 잃어버리는 가장 작은 말의 단위를 형태소라고 한다.
　그런데 형태가 다른 경우에도 하나의 형태소로 보는 경우가 있다. '산이 높다.'의 '이'와 '날씨가 덥다.'의 '가'는 모두 그 문장의 주어 자리에 있다. 이것을 같은 자리, 즉 주격 조사의 자리에 분포한다고 한다. 이와 같이 그 형태는 다를지라도 의미가 같고 분포하는 자리가 같을 때, 이를 별개의 형태소가 아닌 동일한 형태소로 보아 이형태라고 부른다.
　그렇다면 이형태를 왜 인정해야 할까? 그 이유는 형태는 같지 않으나 분포와 의미가 서로 같은 형태가 있을 때, 그 형태들을 서로 다른 형태소에 포함하는 것보다 한 형태소에 포함하는 것이 문법 기술에서 더욱 효율적이기 때문이다. 따라서 의미적으로 관련 있는 형태들은 되도록 한 형태소 또는 한 낱말의 테두리 안에 묶어 두고 그 쓰임이 다소 달라진 것은 각기 이형태로 처리하는 것이 좋다.

① '나물'은 '나'와 '물'로 나누면 '나물'의 의미가 없어지는 하나의 형태소이다.
② 형태가 같은 경우에는 그 의미가 다르더라도 동일한 형태소로 보아야 한다.
③ 목적격 조사 '을'과 '를'은 의미가 같고 분포하는 자리가 같으므로 이형태에 해당한다.
④ 이형태를 각각 다른 형태소로 본다면, 한 형태소로 볼 때보다 문법 기술적 측면에서 오히려 효율성이 떨어진다.

문 4. 다음 중 ㉠의 사례로 보기 어려운 것은?

㉠패러독스는 처음에 듣거나 읽을 때 정상적인 경험과 보편적인 지식에 어긋나는 것처럼 보이거나 거짓처럼 보이지만, 한참 따져 보면 참을 뜻하는 표현이다. 패러독스를 역설이라고도 한다. 패러독스는 사실과 모순되는 듯하기 때문에 독자를 당황하고 긴장하게 한다. 그리하여 주의를 끌고 의미를 강화하는 기능을 한다.

　모란이 피기까지는
　나는 아직 기다리고 있을 테요 찬란한 슬픔의 봄을

찬란한 것은 보통 마음을 기쁘게 한다. 그러므로 '찬란한 슬픔'은, 사람들의 보편적인 경험에 어긋나는 것처럼 여겨진다. 이 시는 찬란한 모란꽃을 보려고 봄을 기다리는 마음과, 모란꽃이 질 때의 슬픔과 허전함을 효과적으로 전달한다. '찬란한 슬픔'은 모순되는 표현인 것 같으나, 이 말은 말하는 이의 기대와 경험을 가장 알맞게 전달한다.

① 밝고 따뜻한 어둠 속에 꽃이 피었다.
② 길을 가로질러 갈수록 점점 더 멀어져 갔다.
③ 그대를 사랑하는 것은 그대보다 더 위대한 것이다.
④ 밤에 유리를 닦는 것은 외로운 황홀한 심사이어라.

문 5. 다음 조건들이 참이라고 할 때 반드시 참인 것은?

> 갑, 을, 병, 정, 무 다섯 사람은 다음 조건에 따라 면접관으로 선발된다.
> ○ 갑 또는 병이 면접관으로 선발되는 것이 아니면, 을은 선발된다.
> ○ 갑이 면접관으로 선발되지 않으면, 정은 선발된다.
> ○ 병이 면접관으로 선발되지 않으면, 갑도 선발되지 않는다.
> ○ 무가 면접관으로 선발되지 않으면 병은 선발된다는 말은 거짓이다.

① 갑과 병은 면접관으로 선발된다.
② 다섯 사람 중 을만 면접관으로 선발된다.
③ 을과 정 모두 면접관으로 선발된다.
④ 다섯 사람 중 무만 면접관으로 선발되지 않는다.

문 6. 다음 글을 이해한 내용으로 가장 적절한 것은?

> 이육사의 시에는 일제 강점기를 살아간 시인의 강인한 의지와 조국에 대한 깊은 애정이 고스란히 담겨 있다. 특히 「광야」는 이육사의 대표작으로 광활한 자연의 모습과 역사의 흐름이 묘사되고, 이어서 시인의 내면에 자리 잡은 희망과 의지가 표현된다.
> 시인이 그리는 광야의 모습은 매우 장대하고 신비롭다. "까마득한 날에 / 하늘이 처음 열리고 / 어데 닭 우는 소리 들렸으랴"라는 구절에서 시작하여, "모든 산맥(山脈)들이 / 바다를 연모(戀慕)해 휘달릴 때도 / 차마 이곳을 범(犯)하던 못하였으리라"라는 표현으로 이어진다. 이러한 묘사는 단순한 풍경 묘사를 넘어 태초의 시간과 거대한 자연의 힘을 동원하여 광야의 장엄함을 생생하게 전달한다.
> 시의 중반부에서는 "끊임없는 광음(光陰)을 / 부지런한 계절이 피어선 지고 / 큰 강물이 비로소 길을 열었다"라는 구절을 통해 역사의 흐름과 변화가 직접적으로 표현된다. 이는 단순한 시간의 경과를 넘어 민족의 역사와 그 속에서의 변화를 암시한다.
> 마지막 부분에서 시인은 "지금 눈 나리고 / 매화 향기 홀로 아득하니 / 내 여기 가난한 노래의 씨를 뿌려라"라고 말하며, 현재의 어려운 상황 속에서도 희망의 씨앗을 뿌리겠다는 의지를 드러낸다.

① 이육사의 「광야」에는 자연과 인간 간의 치열한 갈등이 묘사되어 있다.
② 이육사의 「광야」에는 힘겨운 현실에도 미래 지향적인 작가의 태도가 부각된다.
③ 이육사의 「광야」에는 위기와 고통 속에서 절망하는 시인의 아픔이 드러난다.
④ 이육사의 「광야」에는 자연의 광활한 모습이 계절의 변화를 바탕으로 제시된다.

문 7. 다음 (가)~(라)의 순서로 가장 적절한 것은?

> 태풍의 중심부에는 눈(Eye)이라 불리는 고요한 지역이 있다. 이 눈을 둘러싼 눈벽(Eyewall)에서는 강한 상승 기류와 폭풍우가 나타난다.

> (가) 특히 태풍이 육지로 상륙하면 지면의 마찰력이 증가하여 공기의 흐름이 방해받고, 내부 에너지가 분산되면서 더 빠르게 소멸한다. 또한 상층 대기의 흐름이 태풍과 반대 방향으로 작용하거나, 대규모 고기압과 같은 외부 요인이 태풍을 방해할 경우 태풍은 더 빨리 사라질 수 있다.
> (나) 뜨거운 바다에서 증발한 수증기가 상승하면서 응결되고, 이때 방출된 잠열이 상승 기류를 더욱 강화시킨다. 이 과정에서 태풍의 중심부로 더 많은 공기가 몰려들고, 중심 기압이 더욱 낮아지며 태풍의 세력이 커지게 된다.
> (다) 결과적으로 태풍은 따뜻한 바다라는 에너지원과 강한 상승 기류가 유지될 때 발달하지만, 외부 조건에 의해 에너지를 잃으면 소멸하게 된다. 이러한 과정은 자연의 에너지 순환 체계를 잘 보여 주는 현상 중 하나이다.
> (라) 하지만 태풍이 육지로 상륙하거나 찬 해역으로 이동하게 되면, 중요한 에너지원인 따뜻한 바닷물이 줄어들게 된다. 이로 인해 상승 기류가 약화되고, 태풍은 점차 소멸하게 된다.

① (가)-(다)-(라)-(나)
② (가)-(라)-(나)-(다)
③ (나)-(다)-(가)-(라)
④ (나)-(라)-(가)-(다)

문 8. <보기>의 내용을 활용하여 '개요'의 Ⅱ를 보완하려고 한다. Ⅱ의 하위 항목과 내용을 적절하게 연결한 것은?

> ○ 주제문: 일상과 소비 생활 속에서 전기 에너지 절약에 참여하자.
> ○ 개요
>   Ⅰ. 서론
>   Ⅱ. 전기 에너지 낭비의 원인과 문제점
>   1. 전기 에너지 낭비의 원인
>   2. 전기 에너지 낭비의 문제점
>   Ⅲ. 전기 에너지 절약 실천 방법과 기대 효과
>   1. 전기 에너지 절약 실천 방법
>   가. 일상생활 속 전기 에너지 절약 습관 형성
>   나. 전기 에너지를 절약하는 전기 제품 구매
>   2. 전기 에너지 절약 기대 효과
>   가. 사용자가 전기 에너지 절약에 참여함
>   나. 기업의 전기 제품 생산 양상의 변화
>   Ⅳ. 결론

―― <보 기> ――

㉠ 전기 에너지의 원료가 되는 자원 낭비
㉡ 무분별한 전기 에너지 사용 습관
㉢ 전기 에너지 절약 방법에 대한 인식 부족
㉣ 전기 에너지의 생산 과정에서의 환경 오염

	1. 전기 에너지 낭비의 원인	2. 전기 에너지 낭비의 문제점
①	㉠, ㉡	㉢, ㉣
②	㉡, ㉢	㉠, ㉣
③	㉠, ㉡, ㉢	㉣
④	㉡, ㉢, ㉣	㉠

국어 4회

문 1. 〈공공언어 바로 쓰기 원칙〉에 따라 수정한 것으로 적절하지 않은 것은?

〈공공언어 바로 쓰기 원칙〉
○ 주어와 서술어의 호응
  - ㉠주어와 서술어의 관계를 명확하게 표현함.
○ 여러 뜻으로 해석되는 표현 삼가기
  - ㉡중의적인 문장을 사용하지 않음.
○ 명료한 수식어구 사용
  - ㉢수식어와 피수식어의 관계를 분명하게 표현함.
○ 대등한 구조를 보여 주는 표현 사용
  - ㉣'-고', '와/과' 등으로 접속될 때에는 대등한 관계를 사용함.

① "이번 선거는 산표가 많이 나왔다는 점이다."를 ㉠에 따라 "이번 선거의 특징은 산표가 많이 나왔다는 점이다."로 수정한다.
② "친척들이 사촌 형 결혼식에 다 가지 않았다."를 ㉡에 따라 "친척들이 사촌 형 결혼식에 한 명도 가지 않았다."로 수정한다.
③ "부모님께서는 열정적인 자녀의 선생님을 무척 존경하셨다."를 ㉢에 따라 "부모님께서는 자녀의 열정적인 선생님을 무척 존경하셨다."로 수정한다.
④ "국회 의원들의 청렴도를 평가하고, 부정부패를 척결해야 한다."를 ㉣에 따라 "국회 의원들의 청렴도 평가와 부정부패를 척결해야 한다."로 수정한다.

문 2. 다음 글의 ㉠, ㉡에 들어갈 말을 적절하게 나열한 것은?

올바른 문장이란 문장 성분이 잘 갖추어진 문장이다. 문장 성분이란 문장 안에서 일정한 문법적 기능을 하는 각 부분들을 일컫는다. 문장 성분은 문장을 이루는 데 골격이 되는 주성분, 주로 주성분의 내용을 수식하는 부속 성분, 다른 문장 성분과는 직접적인 관련이 없는 독립 성분으로 나뉜다.
주성분에는 주어, 서술어, 목적어, 보어가 있다. 주어는 문장에서 동작의 주체, 혹은 상태나 성질의 주체를 나타내는 성분이다. 서술어는 주어의 동작, 상태, 성질 따위를 풀이하는 기능을 하는 성분이다. 목적어는 서술어의 동작 대상이 되는 성분이고, 보어는 '되다, 아니다'와 같은 서술어가 필요로 하는 문장 성분 중에서 주어를 제외한 성분이다. 부속 성분에는 관형어와 부사어가 있다. 관형어는 주로 체언을 수식하고, 부사어는 주로 용언을 수식하는 성분이다. 독립 성분에 해당하는 독립어는 문장의 어느 성분과도 직접적인 관련이 없는 성분이다.
이러한 문장 성분들이 제대로 갖추어지지 않아서 문장이 올바르지 않은 경우로는 반드시 필요로 하는 문장 성분이 생략된 경우가 있다. 예컨대 "나도 읽었다."는 서술어 '읽었다'가 반드시 필요로 하는 ㉠ 가 생략되어서, "아이가 편지를 넣었다."는 서술어 '넣었다'가 반드시 필요로 하는 ㉡ 가 생략되어서 잘못된 문장이다.

	㉠	㉡
①	목적어	관형어
②	목적어	부사어
③	관형어	부사어
④	부사어	관형어

문 3. 〈보기〉를 참고할 때 다음 중 의미의 유형이 다른 하나는?

〈보 기〉
한 단어의 의미가 여러 가지 의미로 쓰일 때 그중 가장 기본적이고 핵심적인 의미를 '중심적 의미'라고 하며, 그를 제외한 여러 가지 다른 의미를 '주변적 의미'라고 한다. 가령 '머리'라는 단어에서 '신체의 일부'라는 의미가 중심적 의미이고, '머리가 나쁘다, 모임의 머리' 등에서 쓰이는 '판단 능력, 우두머리'라는 각각의 의미는 주변적 의미가 된다.

① 너는 속이 그렇게 좁아서 어디다 써먹을래?
② 그들은 완벽에 가까울 정도로 치밀하게 계획을 짰다.
③ 하늘에 낮게 깔린 먹구름이 금방 비를 퍼부을 것 같다.
④ 내가 이렇게 바르게 자란 것은 아버지의 영향이 매우 컸다.

문 4. 다음 글에 나타난 ㉠에 대한 이해로 적절하지 않은 것은?

박완서의 「그 많던 싱아는 누가 다 먹었을까」는 한국 전쟁을 배경으로 한 대표적인 성장 소설이다. 이 작품은 성인이 된 화자가 어린 시절을 회상하는 형식을 취하고 있으며, 전쟁으로 인해 평화로운 고향을 떠나 서울로 피난 가는 '나'의 이야기를 담고 있다. 주인공 '나'는 전쟁의 혼란 속에서 가족의 생계를 책임지는 등 여러 시련을 겪으며 정신적으로 성장한다. 이 과정에서 작품은 어린 '나'의 순수한 시선을 통해 전쟁의 참상과 사회의 부조리를 간접적으로 드러낸다.
작품의 제목인 ㉠'싱아'는 주인공의 고향인 평화로운 과거를 상징하는 소재로, 전쟁 이전의 순수했던 시절을 의미한다. 이는 전쟁으로 인해 상실된 평화와 순수성에 대한 향수를 나타내며, 동시에 성장의 과정에서 필연적으로 겪게 되는 상실감을 암시한다. 주인공은 전쟁이라는 극한의 상황 속에서 가족을 지키기 위해 노력하면서 점차 어른의 세계로 진입하게 된다.

① 평화롭고 순수했던 과거의 모습
② 그리움의 대상이자 유년기의 상징
③ 전쟁의 참상과 부조리에 대비되는 상황
④ 성장의 매개물이자 성장으로 인한 상실

문 5. 다음 글의 내용이 참일 때 반드시 참인 것은?

A 연구소는 이번 연구의 성과로 소원들에게 상여금을 지급할 계획이다. 다음 조건에 따라 갑~무 다섯 사람에게 상여금을 지급하기로 했다.
○ 갑에게 상여금을 지급하지 않거나 을에게 지급한다.
○ 병에게 상여금을 지급하는 경우에만 정에게도 지급한다.
○ 무에게 상여금을 지급하면, 을에게는 지급하지 않는다.
○ 갑에게 상여금을 지급한다.

① 갑과 을에게 상여금을 지급한다.
② 을에게 상여금을 지급하지 않는다.
③ 병과 정에게 상여금을 지급한다.
④ 무에게만 상여금을 지급하지 않는다.

문 6. 다음 중 글쓴이의 주장으로 가장 적절한 것은?

> 중국인들은 왜 한류에 빠지게 되었는가? 한류는 중국에, 중국인들에게 무엇인가? 중국에서 한류가 등장하게 된 배경에 대한 중국 언론과 학자들의 분석은 크게 두 가지로 요약된다. 하나는 중국의 경제 발전 과정에서 새로운 문화에 대한 욕구가 일어났다는 점이고, 다른 하나는 한국인들이 서구 문화와 아시아 문화를 융합·개조해 놓고 있다는 점이다. 즉, 중국인들이 한류에 빠진 것은 한류의 수용이 서구 문화를 받아들이는 대체 효과가 있으면서도 서구 문화의 직수입에 따른 충격을 완화시킬 수 있기 때문이라는 것이다.

① 한류는 중국 문화를 서구 문화로 이끄는 견인차 역할을 하고 있다.
② 한류는 중국 문화와 서구 문화 사이에 존재하는 장벽 역할을 하고 있다.
③ 한류는 중국인들이 서구 문화로 발전할 수 있게 하는 터전의 역할을 하고 있다.
④ 한류는 중국인들에게 서구 문화를 간접적으로 접할 수 있게 하는 책과 같은 역할을 하고 있다.

문 7. ㉠~㉣의 고쳐쓰기로 적절하지 않은 것은?

> 간디 사상의 요체인 비폭력주의는 하나의 ㉠비현실적인 정치적 투쟁 수단이기 이전에 근원적으로 만유의 법칙을 사랑으로 파악하는 위대한 종교적·철학적 전통에 뿌리를 두고 있는 것이다. 따라서 비폭력주의 운동이 결코 비현실적이며, ㉡능동적인 저항인 것은 아니었다. 간디는 절대로 몽상가는 아니다. 그가 말한 것은 폭력을 통해서는 인도의 해방도, 보편적인 인간 해방도 없다는 것이었다. 민족 해방은 단지 외국 지배자의 퇴각을 의미하는 것일 수는 없다. 참다운 해방은 지배와 착취와 억압의 구조를 타파하고 그 구조에 길들여져 온 심리적 습관과 욕망을 뿌리로부터 ㉢변화시키는 일, 다시 말하여 일체의 '칼의 교의(敎義)'로부터의 초월을 실현하는 것이다.
> 간디의 관점에서 볼 때, 무엇보다 큰 폭력은 인간의 근원적인 영혼의 요구에 대해서는 조금도 고려하지 않고, 물질적 이득의 끊임없는 확대를 위해 착취와 억압의 구도를 제도화한 서양의 산업 문명이었다. 근대 산업 문명은 사람들의 정신을 병들게 하고, 끊임없이 이기심을 자극하며, 금전과 물질의 노예로 타락시킬 뿐만 아니라 내면적인 평화와 명상의 생활을 ㉣가능하게 만든다. 그로 인하여 유럽의 노동 계급과 빈민에게 사회는 지옥이 되고, 비서구 지역의 수많은 민중은 제국주의의 침탈 밑에서 허덕이게 되었다.

① ㉠을 '유효한'으로 고친다.
② ㉡을 '수동적인'으로 고친다.
③ ㉢을 '유지하는'으로 고친다.
④ ㉣을 '불가능하게'로 고친다.

문 8. 다음 진술이 모두 참일 때 반드시 참인 것은?

> ○ A 지역에 대설 주의보가 발령되면 B 지역에 대설 주의보가 발령된다.
> ○ C 지역에 대설 주의보가 발령되면 D 지역이나 F 지역에 대설 주의보가 발령된다.
> ○ D 지역과 F 지역 중 적어도 한 곳에 대설 주의보가 발령되면 B 지역에 대설 주의보가 발령되지 않는다.
> ○ E 지역에 대설 주의보가 발령되면 D 지역이나 F 지역에 대설 주의보가 발령된다.

① A 지역에 대설 주의보가 발령되면 E 지역에는 대설 주의보가 발령되지 않는다.
② C 지역에 대설 주의보가 발령되면 A 지역에도 대설 주의보가 발령된다.
③ D 지역이나 F 지역에 대설 주의보가 발령되면 A 지역에도 대설 주의보가 발령된다.
④ D 지역에 대설 주의보가 발령되지 않으면 F 지역에도 대설 주의보가 발령되지 않는다.

문 9. 다음 글의 전개 순서로 가장 자연스러운 것은?

> (가) 문제는 그것이 작곡을 염두에 두어 대개 정형률로 쓰였다는 점이다. 즉 '창가'는 대부분 일정한 정형률로 작사된 노래를 일컫는 말이다.
> (나) 그러므로 그것은 일본 전통의 노래가 아닌 서양의 가곡을 가리키는 말이다. 그러나 넓은 의미에서 시란 노래의 가사이므로 창가의 가사를 시라 부른다 해서 잘못일 수는 물론 없다.
> (다) '창가'는 원래 음악의 명칭이다. 일본 교육부가 펴낸 일반 학교의 서양곡 노래 모음집 『소학창가집(小學唱歌集)』에서 그 이름이 유래한다.
> (라) 다만 그 정형률이 전통적인 것의 규범만을 따르지 않고 작품에 따라서는 개인이 새롭고 다양하게 창안한 것도 많았다는 점에서 전통 가사와 조금 다를 뿐이다.

① (가) - (다) - (나) - (라)
② (가) - (라) - (다) - (나)
③ (다) - (가) - (라) - (나)
④ (다) - (나) - (가) - (라)

국어 5회

문 1. 〈공공언어 바로 쓰기 원칙〉에 따라 〈공문서〉의 ㉠~㉣을 수정한 것으로 적절하지 않은 것은?

〈공공언어 바로 쓰기 원칙〉
○ 권위적이거나 중복되는 표현을 삼갈 것.
○ 수식어구가 무엇을 수식하는지를 분명히 알 수 있는 표현을 사용할 것.
○ 대등한 것끼리 접속할 때는 구조가 같은 표현을 사용할 것.
○ 필요한 문장 성분이 생략되지 않도록 할 것.

〈공문서〉
○○도청

수신 수신자 참조
(경유)
제목 도지사 지시 사항 ㉠통보

1. 도지사 지시 사항을 아래와 같이 알려 드립니다. 담당 부서에서는 구체적인 실천 계획을 수립하여 도지사에게 보고하고, 관리 카드를 작성하여 관리 시스템에 올려 주시기 바랍니다.
2. 아울러 「도지사 지시 사항 관리 강화 계획」에 따라 ㉡추진 중인 지시 사항 관리 카드를 매달 진행해 주십시오. 또한 지시 사항 관리 시스템 사용 지침에 따라 갱신한 내용을 올려, ㉢지시 사항을 이행하고 추진 상황 점검에 소홀함이 없도록 해 주시기 바랍니다.
3. 대변인은 모든 도내 공직자가 알 수 있도록 ㉣도지사 지시 사항을 실어 주시기 바랍니다.

① ㉠: 안내 알림
② ㉡: 추진 중인 지시 사항 관리 카드 갱신을
③ ㉢: 지시 사항 이행과 추진 상황 점검에 소홀함이 없도록
④ ㉣: 도보에 도지사 지시 사항을 실어 주시기 바랍니다

문 2. 다음 글을 참고할 때 밑줄 친 단어의 품사가 다른 것은?

명사형 전성 어미와 명사 파생 접사는 형태가 모두 '-(으)ㅁ', '-기'로 동일해 표면상으로 구분되지 않는다. '꿈을 꿈'이라는 문장에서 앞의 '꿈'은 명사 파생 접사가 결합한 파생 명사이고, 뒤의 '꿈'은 명사형 전성 어미가 결합한 용언의 명사형인데 그 형태가 동일하다. 그런데 용언의 명사형과 파생 명사는 형태론적 기능에 차이를 보이므로, 이를 바탕으로 두 경우를 구분할 수 있다.
명사형 전성 어미는 명사 파생 접사와 달리 선어말 어미 뒤에 결합하는 차이를 보인다. 위 문장에서 명사형 전성 어미가 결합한 용언의 명사형은 '꿈을 {꾸었음/꾸심}'과 같이 선어말 어미 '-었-', '-시-' 뒤에도 결합할 수 있으나, 명사 파생 접사가 결합한 파생 명사는 그러지 못한다. 다음으로 명사형 전성 어미는 용언의 명사형을 만들 뿐 품사를 바꾸지 못하지만, 명사 파생 접사는 품사를 바꾸어 파생 명사를 만든다. 따라서 '멋진 꿈을 자주 꿈'에서 보는 바와 같이 용언의 명사형은 부사어의 수식을 받고, 파생 명사는 관형어의 수식을 받는다. 마지막으로 용언의 명사형은 서술성이 있어 기본형으로 바꿀 수 있지만, 파생 명사는 그러지 못한다. '꿈을 꾸다'는 가능하지만, '꾸다를 꿈'은 불가능한 것이다.

① 체육 선생님은 학생들에게 <u>달리기</u>를 먼저 시키신다.
② 민수의 학생부에는 '삼대가 모여 <u>삶</u>'이라고 적혀 있다.
③ 그녀가 <u>울음</u>을 참으려고 입술을 깨무는 모습이 슬펐다.
④ <u>춤</u>이 끝나자 사람들은 우레 같은 박수를 치며 환호했다.

문 3. 다음 글을 참고할 때 탈락이 일어나는 원인 중 다른 하나는?

탈락 현상은 형태소와 형태소가 결합하면서 그 경계에 놓인 양쪽 음운의 특성 때문에 나타나는 경우가 많다. 'ㄹ' 탈락의 경우 용언 어간의 끝소리 'ㄹ'이 'ㄴ, ㅅ'으로 시작하는 어미 앞에서 탈락하는 경우를 들 수 있다. 이는 같은 조음 위치의 자음이 연달아 나오면 발음하기 어렵기 때문에 'ㄹ'이 탈락하는 것이다. 또한 '바늘+질→바느질'처럼 파생이나 합성어가 만들어지는 과정에서 'ㄴ, ㄷ, ㅅ, ㅈ' 앞에서 'ㄹ'이 탈락할 수 있다. 'ㄴ, ㄷ, ㅅ, ㅈ'에서 'ㅈ'을 제외하고는 모두 'ㄹ'과 같은 조음 위치에서 발음되기 때문에 이 역시 발음의 편의성을 위해 탈락 현상이 일어난다고 할 수 있겠다.

① 우는 ② 소나무 ③ 다달이 ④ 우짖다

문 4. 문맥상 ㉠~㉢에 들어갈 말로 가장 적절한 것은?

황순원의 「소나기」는 한국 문학사에서 유년기의 풋풋한 감정과 성장 과정을 섬세하게 그려 낸 대표적인 단편 소설로 손꼽힌다. 작품의 무대는 시골 마을로, 시골 소년과 도시 소녀의 만남으로 이야기가 진행된다. 이들은 흔히 볼 수 없는 동갑내기 친구 관계처럼 보이지만, 도시에서 잠시 내려온 소녀와 마을에 뿌리를 두고 살아온 소년 사이에는 ㉠ 이 함께 존재한다.
소설 속에서 두 아이의 만남은 낯선 경험이지만, 이 낯섦이야말로 소년의 감수성을 크게 자극하고, 결과적으로 내면적 변화를 촉발하는 계기가 된다. 사실 우리나라 성장 소설에서는 종종 '㉡'이 주요 계기로 작용한다. 소년이 직접 고향을 떠나지는 않더라도, 다른 삶을 경험하고 돌아가는 '외부인' 소녀와의 관계를 통해 익숙한 세계에서 한 발짝 벗어나 성숙을 도모하게 되는 것이다.
특히 작품 말미에는 소녀가 병을 앓고 세상을 떠나게 되는데, 이를 목격한 소년의 상실감은 단순한 슬픔 이상으로 자리 잡는다. 이는 우리나라 성장 소설이 자주 보여 주는 특징인 '㉢'을 통한 의식 성장을 잘 드러낸다. 사회적 부조리나 거대한 역사적 사건을 직접적으로 비판하기보다는, 주인공의 순수한 시각과 평범한 일상 속에서 찾아온 이별의 순간을 통해 삶과 죽음에 대한 성찰을 제시하는 것이다. 결과적으로 이러한 서정적 접근은 독자들에게 부드러우면서도 깊은 여운을 남긴다.

	㉠	㉡	㉢
①	상실감으로 인한 동류의식	낯익은 공간에서 벗어남	관습에 대한 저항
②	은근한 거리감과 호기심	낯익은 공간에서 벗어남	죽음이나 이별
③	상실감으로 인한 동류의식	미성숙과 성숙의 만남	죽음이나 이별
④	은근한 거리감과 호기심	미성숙과 성숙의 만남	관습에 대한 저항

문 5. 다음 진술이 모두 참일 때 반드시 참인 것은?

갑, 을, 병, 정 네 사람의 시험 응시와 관련하여 다음과 같은 사실들이 알려졌다.
○ 갑이 시험에 응시한다면, 을도 시험에 응시한다.
○ 병이 시험에 응시하지 않는다면, 을도 시험에 응시하지 않는다.
○ 정이 시험에 응시한다면, 병도 시험에 응시한다.

① 갑이 시험에 응시한다면, 정도 시험에 응시한다.
② 병이 시험에 응시한다면, 갑도 시험에 응시한다.
③ 을이 시험에 응시하지 않는다면, 정도 시험에 응시하지 않는다.
④ 병이 시험에 응시하지 않는다면, 갑도 시험에 응시하지 않는다.

문 6. 다음 중 '칸'의 기능으로 보기 어려운 것은?

> 만화를 만화로 보이게 하는 것이 칸이다. 만화는 일련의 정지 화면의 연속으로 이루어져 있다. 작가는 칸의 변화와 연출을 통해 내러티브의 흐름에 변화를 주고 완급을 조절할 수 있다. 특히 다른 칸에 비해 넓은 공간을 차지하는 확장칸은 작가가 강조하고자 하는 것을 표현하기 위해 사용된다.
> 칸은 비록 분절되어 있지만 역설적이게도 이를 통해 시간, 사건, 정서를 연속적으로 흐르게 한다. 그래서 만화는 영화처럼 장면이 연속적으로 이루어지지 않지만 독자들이 연속되는 이야기로 상상하고 즐길 수 있는데, 이는 만화에 시간성과 공간성의 개념이 있기 때문이다.
> 이러한 칸의 기능을 생각해 볼 때 칸과 칸 사이인 홈통의 역할이 중요해진다. 홈통이라 불리는 칸과 칸 사이의 빈 공간 안에서 독자는 적극적인 상상력을 발휘하여 칸과 칸의 개별적 장면을 하나의 연결된 이야기로 변화시켜 각 칸이 낼 수 없는 새로운 의미를 만들어 낸다. 이를 완결성 연상이라고 한다.

① 사건의 속도를 조절할 수 있다.
② 작가의 의도를 드러낼 수 있다.
③ 서사의 흐름에 변화를 줄 수 있다.
④ 인물의 행동을 극적으로 제시할 수 있다.

문 7. 다음 글의 전개 순서로 가장 자연스러운 것은?

> (가) 뾰족한 핀으로 찢긴 피부 조직이 박테리아에 의해 감염되었을 때 일어나는 과정을 알아보자. 우선 상처받은 조직에 있는 세포는 바로 방어 작용에 관여하는 '히스타민'과 같은 화학 신호를 우리 몸으로 내보낸다.
> (나) 이후 확장된 혈관을 통해 혈장이나 백혈구 같은 물질이 빠져나와 상처받은 조직의 세포 사이로 이동한다. 이렇게 이동한 백혈구는 상처 부위에 모인 유해 박테리아를 잡아먹게 된다.
> (다) 이렇게 내보내진 히스타민은 상처 부위 주변에 있는 혈관을 확장시키게 되고, 확장된 혈관은 혈관 내의 물질들이 밖으로 이동하기 쉬운 상태가 된다.
> (라) 이 과정에서 많은 수의 백혈구도 박테리아에 의해 죽게 되고, 이들 또한 살아 있는 백혈구에 의해 잡아먹히게 된다. 이때 인체는 발진, 발열, 부종 등의 염증 반응을 경험하게 된다.
> (마) 우리 몸이 상처를 입어 조직이 손상되면 어떤 과정을 통해 염증 반응이 일어나는 것일까?

① (마) - (가) - (다) - (나) - (라)
② (마) - (가) - (라) - (다) - (나)
③ (마) - (다) - (가) - (라) - (나)
④ (마) - (다) - (나) - (가) - (라)

문 8. 다음 글의 밑줄 친 결론을 이끌어 내기 위해 추가해야 할 것은?

> 올림픽 경기에서 수영 종목을 시청하는 국민은 모두 역도와 유도 종목을 시청한다. 올림픽 경기에서 역도 종목을 시청하는 국민은 모두 펜싱 종목을 시청한다. 따라서 올림픽 경기에서 양궁 종목을 시청하지 않는 국민은 모두 수영 종목을 시청하지 않는다.

① 올림픽 경기에서 펜싱 종목을 시청하는 어떤 국민은 양궁 종목을 시청한다.
② 올림픽 경기에서 양궁 종목을 시청하는 국민은 모두 수영 종목을 시청한다.
③ 올림픽 경기에서 역도와 유도 종목을 시청하는 국민은 모두 양궁 종목을 시청한다.
④ 올림픽 경기에서 유도 종목을 시청하는 국민이 모두 양궁 종목을 시청하는 것은 아니다.

문 9. 글의 흐름상 빈칸에 들어갈 말로 가장 적절한 것은?

> 일반적으로 역사서는 역사적 사건이 있은 후 상당한 시일이 경과된 뒤에 편찬되지만, 실록은 바로 전 왕대의 사건을 기록하여 편찬한다. 그러므로 신하들은 자신의 행적이 어떻게 실록에 기록될지에 관심을 집중할 수밖에 없고, 실록을 편찬하는 후계 왕 또한 대부분 전 왕의 아들이었기 때문에 자신의 아버지에 대해 실록에 어떻게 기록되는지에 대해 관심을 가질 수밖에 없다. 더욱이 이 역사 기록이 때때로 자신의 정통성과 직결된 문제라면 더욱 그러했다. 이처럼 실록은 '당대사'였다. 오늘날의 용어로 표현하면 '현대사'인 셈이다. 이 점에서 실록 편찬이 가졌던 딜레마는 오늘날 현대사 서술이 안고 있는 딜레마와 흡사하다. 현대사의 딜레마는 자료도 모두 공개되지 않은 상태에서 _____ 는 데서 기인한다.

① 이전 역사와의 영속성을 제대로 파악할 수 없다
② 사건에 대한 평가가 주체에 따라 달라질 수 있다
③ 현실적 이해관계가 얽혀 객관성을 확보하기 어렵다
④ 정치적으로 중요한 사건을 직접적으로 다뤄야 한다

문 10. 다음 글에 대한 이해로 가장 적절한 것은?

> 선거구의 종류는 한 선거구에서 선출하는 의원의 정수를 기준으로 나뉘는데, 우리나라의 국회 의원 선거나 미국 의회 선거처럼 한 선거구에서 한 명의 의원을 선출하는 방식에서부터 이스라엘 의회 선거처럼 전국을 하나의 선거구로 해서 전체 의원을 뽑는 방식에 이르기까지 매우 다양하다.
> 선거구의 종류는 보통 한 선거구에서 한 명의 의원을 선출하는 소선거구와 여러 명의 의원을 선출하는 다인 선거구로 나누어지며, 다인 선거구는 2~5명을 선출하는 중선거구, 6명 이상의 의원을 선출하는 대선거구로 세분화된다. 연구 결과 선거구의 종류는 선거의 결과 및 의원과 유권자의 관계에 큰 영향을 주는 요소로 알려져 있다.

① 나라마다 선거구의 종류를 세분화하는 기준은 다양하다.
② 대선거구보다 중선거구에서 더 많은 의원을 선출할 수 있다.
③ 소선거구가 중선거구로 바뀌게 되면 선거의 양상이 달라질 수 있다.
④ 전국을 하나의 선거구로 의원을 뽑는 경우에는 소선거구 제도를 채택한다.

[11~12] 다음 글을 읽고 물음에 답하시오.

원자핵 분열 반응은 무거운 원자핵이 쪼개져 가벼운 원자핵들로 변하는 현상이다. 이 과정에서 막대한 에너지가 방출되며, 이는 원자력 발전소에서 전기를 생산하는 데 이용된다. 그러나 제어되지 않은 연쇄 반응은 핵폭발로 ㉠이어질 수 있어 매우 위험하다. 이를 막기 위해 핵 발전소에서는 감속재를 활용한다.

핵분열이 시작된 원자로에서는 중심부에서 외곽으로 갈수록 중성자의 밀도가 낮아진다. 즉, 중심부의 중성자 밀도가 가장 높은 것이다. 중성자 확산은 밀도 차이에 의해 밀도가 높은 쪽에서 낮은 쪽으로 일어나는 현상이다. 중성자가 확산력을 받아 원자로 중심에서 외곽으로 이동하기 시작하면 이 중성자는 감속재의 영향도 받기 시작한다. 감속재에 의해 중성자의 속도는 줄어들게 되는데, 확산의 작용에 따라 더 많이 감속된다. 결국 _____ 중성자가 연쇄 반응에 참여하지 못하게 되고, 이는 핵분열 반응의 효율을 떨어뜨려 에너지 생산량을 감소시키게 된다.

문 11. 윗글의 빈칸에 들어갈 말로 가장 적절한 것은?
① 내부로 갈수록 중성자의 속도가 느려져
② 외곽으로 갈수록 중성자의 속도가 느려져
③ 내부로 갈수록 감속재의 양이 줄어들어
④ 외곽으로 갈수록 감속재의 양이 줄어들어

문 12. 밑줄 친 어휘 중 ㉠의 문맥적 의미와 가장 유사한 것은?
① 윗글 다음에 이어질 내용을 말해 보시오.
② 남해의 여러 섬들이 다리로 이어져 있었다.
③ 운동회가 끝나자마자 곧 농악놀이가 이어졌다.
④ 이 도로의 마지막 차선은 고속 도로와 이어진다.

문 13. 다음 강연 내용에 대한 반응으로 가장 적절한 것은?

법률상으로는 백 살 먹은 사람과 사십 살 먹은 사람 사이에 어떠한 구별도 없습니다. 질병이 있는 경우를 제외하고, 나이 많은 사람들이 져야 할 형법상의 책임은 젊은이들과 동일합니다. 텔레비전과 라디오 방송 프로그램을 보더라도 특별히 어린이와 청소년층을 겨냥한 것들은 있지만 노년기 연령층을 위한 것들은 없습니다. 그러나 노인들의 경제적인 지위를 결정할 때 보면, 사람들은 노인들을 이질적인 종류에 속하는 인간으로 생각하는 것 같습니다. 노인들도 다른 인간들과 똑같이 여러 가지 욕구를 가지고 있으며, 다른 인간들과 똑같은 소비 심리를 지닌다고 생각하지 않는 것입니다. 그래서 그들에게 얼마 안 되는 보잘것없는 사회 보장을 마련해 주고는 그들에 대한 의무를 다했다고 느끼는 것입니다.

① 연령별로 적절한 경제적 지원책을 마련하는 것이 시급하겠군.
② 법적 형평성을 고려하여 연령에 따른 처벌 수위를 조절해야겠군.
③ 소외당하고 있는 노인들을 위한 사회 보장 제도를 마련해야겠군.
④ 노년층의 경제적 지위가 부당하게 대우받지 않도록 고려해야겠군.

문 14. (가)와 (나)를 전제로 할 때 빈칸에 들어갈 결론으로 가장 적절한 것은?

(가) 영화 평론가 중 일부는 OTT 서비스를 구독한다.
(나) 영화관에 가는 사람은 OTT 서비스를 구독하지 않는다.
따라서 _____.

① 영화 평론가 중 일부는 영화관에 가지 않는다
② OTT 서비스를 구독하는 사람은 영화 평론가이다
③ OTT 서비스를 구독하는 사람은 영화 평론가가 아니다
④ 영화관에 가면서 OTT 서비스도 구독하는 영화 평론가가 있다

문 15. ㉠을 강화하는 사례로 가장 적절한 것은?

"가만 있으면 중간은 간다"라는 속담이 있다. 이는 가만 있으면 무사했을 텐데 괜히 잘 해보려다가 오히려 일을 그르치는 경우를 경계하는 의미로 쓰인다. 이 속담이 시사하는 의미를 '손실 회피'라는 개념으로 설명할 수 있다. 손실 회피는 얻은 것의 가치보다 잃어버린 것의 가치를 크게 평가하는 것을 말한다. 예를 들어, 1만 원을 잃어버렸을 때 느끼는 상실감은 1만 원을 얻었을 때 느끼는 행복감보다 크다는 것이다.

㉠'보유 효과'는 '손실 회피'의 대표적인 심리 현상이다. 보유 효과는 사람들이 어떤 물건, 지위, 권력 등을 소유하고 있을 때 그것을 갖고 있지 않을 때보다 그 가치를 높게 평가하여 소유하고 있는 물건이나 처한 상황을 포기하는 것을 손실로 여기는 심리 현상을 말한다. 예를 들어, 5달러에 구매한 골동품의 가격이 올라 50달러가 넘는데도 팔려고 하지 않는 것이다. 5달러 골동품을 50달러에 팔면 이득임에도 불구하고, 자신이 가지고 있는 골동품을 파는 것을 손실로 생각하는 것이다.

① 사람들은 상품을 구매할 때 포인트를 적립하는 것보다 즉각적인 할인 혜택을 받는 것을 선호하는 경향이 있다.
② 사람들은 상품을 일정 기간 사용한 후 마음에 들지 않으면 환불받을 수 있으나 상품을 반환하지 않고 그대로 두는 경향이 있다.
③ 사람들은 하나의 제품을 샀을 때 하나를 더 주는 것보다 하나의 제품을 샀을 때 50%를 할인해 주는 것을 선호하는 경향이 있다.
④ 사람들은 전기 요금을 절약할 수 있다는 광고보다 전기 요금의 낭비를 막을 수 있다고 광고하는 상품의 구매를 선호하는 경향이 있다.

문 16. 다음 중 ㉠의 주장을 강화하는 예시로 가장 적절한 것은?

> 개인의 자유를 확대해야 한다고 주장하는 이들의 논리 중 하나는 개인의 선택권과 자율성을 보장하는 것이 사회 발전의 핵심이라는 것이다. 이들은 정부의 개입이 최소화되어야 개인과 기업의 창의성과 혁신이 촉진되며, 이는 결과적으로 사회 전체의 발전으로 이어진다고 주장한다. 이들은 또한 개인이나 기업의 자유가 제한될 경우 개인의 권리가 침해되고 사회의 다양성이 감소할 수 있다고 본다.
> 그러나 ㉠개인의 자유 확대를 비판하는 이들은 무제한적인 자유가 사회적 불평등을 심화시키고 공동체의 결속을 약화할 수 있다고 주장한다. 이들은 개인의 자유가 타인의 권리를 침해하지 않는 선에서 제한될 필요가 있으며, 사회의 공동선을 위해 일정 수준의 규제가 필요하다고 본다. 이들은 특히 취약 계층을 보호하고 기회의 평등을 보장하기 위해서는 개인의 자유에 대한 적절한 제한이 불가피하다고 주장한다.

① 금융 제도 간소화로 인해 빈부 격차가 심화되어 사회 갈등이 증가한 국가가 존재한다.
② 정부의 규제 완화로 인해 기업의 생산성이 향상되고 경제 성장률이 높아지게 되었다.
③ 개인의 자유를 최대한 보장하는 정책을 통해 혁신적인 기업들이 많이 생겨난 경우가 있다.
④ 개인의 자유를 중시하는 사회에서 자원봉사 활동과 기부 문화가 더욱 활성화된 사례가 있다.

문 17. (가)와 (나)를 전제로 결론을 이끌어 낼 때, 빈칸에 들어갈 말로 가장 적절한 것은?

> (가) 문법 지식이 풍부한 학생 중 일부는 논리 추론 능력이 우수하다.
> (나) _____.
> 따라서 문법 지식이 풍부한 학생 중 일부는 독해력이 뛰어나다.

① 독해력이 뛰어난 학생이 있다
② 논리 추론 능력이 우수한 학생은 모두 독해력이 뛰어나다
③ 독해력이 뛰어난 학생 중 일부는 논리 추론 능력이 우수하다
④ 논리 추론 능력이 우수한 학생은 모두 문법 지식이 풍부하다

[18~19] 다음 글을 읽고 물음에 답하시오.

> 예술의 목적과 역할을 둘러싼 논쟁은 오래전부터 이어져 왔다. 예술이 무엇을 추구해야 하는지에 대한 논의는 크게 미학적 자율성론과 사회적 실천론의 두 입장으로 나뉜다.
> (가)미학적 자율성론은 ㉠예술의 목적이 순수한 미적 가치를 추구하는 데 있다고 본다. 이 입장은 예술이 실용적이거나 사회적 목적에 종속되지 않고, 그 자체로 ㉡독립적인 가치를 지닌다고 주장한다. 예술은 인간의 감정과 상상력을 자극하며, ㉢현실을 초월한 미적 경험을 제공하는 데 의미가 있다고 여긴다. 예를 들어, 19세기 낭만주의 화가들은 ㉣사회적 문제를 다루기보다 자연과 인간 내면의 감정을 표현하며 순수성을 강조하였다. 미학적 자율성론은 예술이 사회적 문제를 떠나 개인의 내면적 성찰과 정서를 풍요롭게 한다는 점에서 고유한 역할을 수행한다고 주장한다.
> (나)사회적 실천론은 예술이 사회적 메시지와 실천을 통해 인간 공동체에 기여해야 한다고 본다. 이 입장은 예술이 단순히 ㉤아름다움을 탐구하는 데 그치지 않고, 현실의 문제를 드러내고 개선하는 데 기여하여 유익함을 줄 수 있어야 한다고 주장한다. 특히 20세기 초의 다다이즘이나 1960년대의 사회적 리얼리즘 작품들은 예술이 ㉥억압과 불평등, 전쟁 등의 사회적 문제를 비판하는 데 중요한 역할을 할 수 있음을 보여 준다. 사회적 실천론은 예술이 변화와 혁신의 도구로 작용하며, 관객에게 문제를 인식시키고 행동을 촉구하는 역할을 수행한다고 강조한다.

문 18. 윗글의 (가)와 (나)를 평가한 내용으로 적절하지 않은 것은?

① 사회 내에 존재하는 어떤 것도 사회와 상호 작용할 수밖에 없다는 주장이 받아들여진다면 (가)의 주장은 약화될 것이다.
② 예술은 현실을 초월한 것으로 외부의 어떤 목적이나 기능에 종속되어서는 안 된다는 주장이 받아들여진다면 (가)의 주장은 강화될 것이다.
③ 예술은 사회 변화의 핵심 동력으로 작용해야 한다는 주장이 받아들여진다면 (나)의 주장은 약화될 것이다.
④ 세상에 있는 그 어떤 것도 공동체에 유익하지 않으면 가치가 없다는 주장이 받아들여진다면 (나)의 주장은 강화될 것이다.

문 19. ㉠~㉥ 중 문맥적 의미가 동질적인 것끼리 묶인 것은?

① ㉠, ㉡, ㉤
② ㉠, ㉢, ㉥
③ ㉡, ㉢, ㉤
④ ㉡, ㉤, ㉥

문 20. 다음 밑줄 친 부분이 부속 성분이 아닌 것은?

> 문장 성분은 주성분, 부속 성분, 독립 성분으로 나뉜다. 주성분은 문장 성분 중에서 문장을 이루는 데 필수적으로 필요한 성분으로, 주어, 서술어, 목적어, 보어가 있다. 부속 성분은 주성분을 꾸며 내용을 더하는 문장 성분이고, 문장 성분 중에서 관형어, 부사어 등이 속한다. 부속 성분은 주성분과 달리 문장의 의미를 전달하는 데 꼭 필요하지 않은 성분이다. 체언을 수식하는 관형어와 달리 부사어는 용언 외에 다른 부사어나 관형어, 체언 또는 문장 전체를 수식하는 경우가 있다.
> 부속 성분이 문장의 성립을 위해 꼭 필요한 경우도 있다. 예컨대 의존 명사는 의미가 형식적이어서 홀로 쓰이지 못하므로 의존 명사 앞에 오는 관형어는 필수적 성분이다. 또한 서술어가 부사어를 반드시 요구하는 경우도 있는데, 이러한 부사어를 필수 부사어라고 부른다.

① <u>이에서</u> 얼마나 더 나빠질 수 있겠어요.
② <u>집 안에서만</u> 있으니 답답하기 그지없다.
③ 지금부터 <u>학교에서</u> 공부를 하도록 하자.
④ 그에게 고마운 <u>마음조차</u> 가질 수 없었다.

[10~11] 다음 글을 읽고 물음에 답하시오.

물의 표면 장력은 액체 분자들 사이의 인력으로 인해 발생하는 현상이다. 그런데 표면 장력이 너무 강하면 물속 생물들의 생존에 필요한 산소 교환을 방해할 수 있다. 자연 상태의 호수에서 물의 표면 장력이 점점 강해지고 있다고 가정해 보자. 표면 장력이 강해지려면 물 분자 간의 결합력이 지속적으로 증가해야 한다. 이를 위해서는 물 표면의 분자들이 서로 더 가까워져야 한다. 그런데 이 과정에서 물속 용존 물질과 주변 대기의 영향으로 인해 방해를 ㉠받기도 한다.

표면 장력이 강해지기 시작한 호수에서는 표면에서 안쪽으로 갈수록 분자 간 인력이 약해진다. 즉, ㅤㅤㅤㅤㅤ이다. 분자 간 인력은 분자 사이의 거리가 가까울수록 강해진다. 물 분자가 인력을 받아 표면으로 이동하기 시작하면 이 분자는 부력도 받기 시작한다. 부력에 의해 분자의 상승 속도는 빨라지는데, 인력의 작용에 따라 더 빠르게 상승하게 된다. 결국 물 분자는 표면에 도달하여 표면 장력을 더욱 강화시키게 되고, 이는 물속 생물의 호흡을 방해하여 생태계의 균형을 무너뜨리게 된다.

문 10. 윗글의 빈칸에 들어갈 말로 가장 적절한 것은?
① 표면의 분자 간의 거리가 가장 먼 것
② 표면의 분자 간의 인력이 가장 강한 것
③ 안쪽 물 분자 간의 결합력이 가장 강한 것
④ 부력에 의한 분자의 상승 속도가 일정한 것

문 11. 다음 밑줄 친 단어 중 ㉠의 문맥적 의미와 가장 유사한 것은?
① 어제 남자 친구에게서 생일 선물을 받았다.
② 이 터널은 내일 0시부터 통행료를 받을 것이다.
③ 정부는 국민들로부터 세금을 받아 국가를 운영한다.
④ 돛은 서쪽에서 불어오는 바람을 받고는 한껏 부풀어 올랐다.

문 12. 다음 대화를 분석한 내용으로 적절하지 않은 것은?

갑: 혁신 산업 육성은 국가 경쟁력 제고를 위해 반드시 필요해. 정부 주도의 적극적인 지원 정책으로 신성장 동력을 확보하고 경제 발전을 이끌어야 해.
을: 하지만 정부 주도의 산업 육성에는 한계가 있어. 시장의 자율성을 저해하고 자원 배분의 비효율을 초래할 수 있지. 민간의 혁신 역량을 키우는 데 초점을 맞춰야 해.
병: 나는 정부와 민간의 협력이 중요하다고 봐. 정부는 제도적 기반을 마련하고 민간은 창의적인 아이디어로 혁신을 주도하는 방식이 효과적일 거야.
갑: 맞아. 하지만 초기 단계의 혁신 산업은 불확실성이 크기 때문에 정부의 적극적인 지원이 필요해. 특히 첨단 기술 분야에서는 대규모 투자가 필요한데, 이를 민간에만 맡기기는 어려워.
을: 정부가 특정 산업을 선별해 지원하는 것은 위험해. 과거 정부 주도 산업 정책의 실패 사례를 보면 알 수 있지. 오히려 공정한 경쟁 환경을 조성하는 데 집중해야 해.
병: 결국 균형이 필요해. 정부는 기초 과학과 인프라에 투자하고, 기업은 이를 바탕으로 혁신적인 제품과 서비스를 개발하는 식으로 역할을 분담하는 게 어떨까?

① 갑은 혁신 산업의 불확실성을 바탕으로 정부 주도의 산업 육성 정책이 필요하다고 주장하고 있다.
② 을은 정부 주도의 산업 육성 정책이 가져올 비효율성을 근거로 갑의 주장을 반박하고 있다.
③ 병은 자신의 입장을 바꾸어서 정부와 기업 간의 협력을 강조하고 있다.
④ 갑과 병은 모두 혁신 산업을 육성하는 데 있어 정부의 역할이 중요하다고 인정하고 있다.

[13~14] 다음 글을 읽고 물음에 답하시오.

무역은 국가 대 국가 간 물품을 ㉠사고파는 일을 말한다. 일반적으로 무역은 양국 모두에 이익이 되지만 경제적으로 발전하지 못한 국가의 경우, 자국의 기업을 ㉡보호하기 위해서 무역 제한 조치를 취하기도 한다. 무역 제한 조치의 방법으로 크게 관세 장벽과 비관세 장벽이 있다. 관세 장벽은 고율의 관세를 수입품에 적용해 해당 상품 가격을 인상하는 조치이다. 국내 특정 상품이 경쟁력이 없는 경우에 국내 기업 보호를 위해 적용된다. 반면 비관세 장벽은 관세 이외의 모든 무역 조치로, 수입량을 억제하거나 수출국의 수출업자나 수입국의 수입업자에게 위험이나 비용을 ㉢증가시켜 수입량을 줄이는 방안이다.

관세 장벽에서 관세율의 결정 방법에 따라 종가세와 종량세가 있는데, 가격을 기준으로 세금을 ㉣부과하는 관세를 종가세라 한다. 이에 반해 종량세는 수입품의 중량, 용적 또는 개수 등 재화의 수량을 기준으로 세율을 화폐액으로 명시해 부과하는 관세이다. 이렇게 해당 물품에 관세를 부과하는 목적은 보호를 목적으로 한 목적 관세와 정부의 세입 증대를 위한 재정 관세 등이 있다. 가령 반덤핑 관세는 수출국의 자국 내 시장 가격과 수출품 가격 간 차액만큼 관세를 매기어 자국 기업을 보호하는 대표적인 목적 관세이다.

문 13. 윗글에서 추론한 내용으로 적절한 것만을 〈보기〉에서 모두 고르면?

〈보 기〉
ㄱ. 수입되는 영화용 필름에 1m당 5원으로 부과된 세금은 가격을 기준으로 매겨진 관세이다.
ㄴ. 잔류 농약 허용치를 강화하여 농산물의 수입을 제한하는 정책은 전형적인 관세 장벽에 속한다.
ㄷ. 부당하게 낮은 가격으로 수입된 제품에 관세를 부과하는 것은 자국 기업을 보호하기 위해서이다.

① ㄱ ② ㄷ ③ ㄱ, ㄷ ④ ㄴ, ㄷ

문 14. ㉠~㉣을 대체하는 말로 적절하지 않은 것은?
① ㉠: 매매하는
② ㉡: 지키기
③ ㉢: 전가하여
④ ㉣: 매기는

문 15. (가)와 (나)를 전제로 할 때 빈칸에 들어갈 결론으로 가장 적절한 것은?

(가) 공무원 미술전에서 서예 부문에 출품하는 공무원은 모두 문인화 부문에 출품한다.
(나) 공무원 미술전에서 한국화 부문에 출품하는 공무원 중 일부는 문인화 부문에 출품하지 않는다.
따라서 ㅤㅤㅤㅤㅤ.

① 공무원 미술전에서 한국화 부문에 출품하는 공무원 중 일부는 서예 부문에 출품한다
② 공무원 미술전에서 서예 부문에 출품하는 공무원은 모두 한국화 부문에 출품하지 않는다
③ 공무원 미술전에서 한국화 부문에 출품하는 공무원 중 일부는 서예 부문에 출품하지 않는다
④ 공무원 미술전에서 문인화 부문에 출품하지만 한국화 부문에 출품하지 않는 공무원은 모두 서예 부문에 출품하지 않는다

문 16. 다음 중 ㉠의 주장을 약화하는 사례로 보기 어려운 것은?

> 빈부 격차를 용인해야 한다고 주장하는 이들의 논리 중 하나는 경제적 불평등이 개인의 노력과 능력에 대한 정당한 보상이라는 것이다. 이들은 빈부 격차가 경제 성장의 원동력이 되며, 부의 창출이 결과적으로 사회 전체에 이익을 가져온다고 주장한다. 반면 과도한 재분배 정책은 개인의 경제적 자유를 침해하고 근로 의욕을 저하시켜 경제 발전을 저해할 수 있다고 본다.
> 그러나 ㉠빈부 격차를 비판하는 이들은 과도한 경제적 불평등이 사회적 갈등을 심화시키고 기회의 평등을 해친다고 주장한다. 이들은 빈부 격차가 세대 간 이동성을 저해하고, 교육과 의료 등 기본적인 서비스에 대한 접근성의 차이를 만들어 사회 정의를 훼손한다고 본다. 이들은 또한 경제적 불평등이 심화될수록 사회의 안정성이 위협받고 범죄율이 증가하는 등 부정적인 외부 효과가 발생할 수 있다고 주장한다.

① 경제적 불평등이 심한 국가에서 사회 안정성이 높고 범죄율이 낮게 유지되는 사례가 존재한다.
② 높은 세금과 강력한 재분배 정책을 시행한 국가에서 경제 성장률이 상승한 경우가 존재한다.
③ 경제적 양극화가 큰 사회에서 저소득층의 자녀들이 고소득층으로 진입하는 비율이 높아진 사례가 존재한다.
④ 고소득층 소득이 저소득층 소득보다 1000배 많은 나라에서 자선 활동과 기부가 활발히 이루어져 사회 통합에 기여한 경우가 존재한다.

문 17. 빈칸에 들어갈 말로 가장 적절한 것은?

> 국어의 인칭 대명사는 지칭하는 대상이 화자, 청자, 그 외 인물인지에 따라 1, 2, 3인칭으로 나뉜다. 이 중에서 1인칭 대명사는 화자나 화자가 속한 집단을 가리키는데 '나', '저'는 화자 한 사람을, '우리', '저희'는 화자가 속한 집단을 가리킨다. 다 명사가 집단을 지칭할 때에는 그 집단에 청자가 포함될 수도 있고, 그렇지 않을 수도 있다. 예컨대 '우리가 어제 함께 음식을 먹었다'의 '우리'와 '우리 남편은 그런 거 안 좋아하더라'의 '우리'는 지칭하는 대상이 서로 다르다. 이처럼 '우리'는 화·청자를 모두 지칭할 수 있고, 화자만 지칭할 수도 있다. 그런데 '저희'는 _____. '저희'는 '우리'의 낮춤말인데 상대방을 높이기 위해서 사용한다. 따라서 '저희'가 문장의 주어에 놓일 경우 상대방을 지칭하면 상대방을 낮추게 된다. 이 때문에 '저희'는 '우리'의 용법과 구별된다.

① 화자만 지칭한다
② 청자만 지칭한다
③ 화자와 청자 모두 지칭한다
④ 3인칭으로 사용할 수 있다

[18~19] 다음 글을 읽고 물음에 답하시오.

> 문학의 자율성과 검열 문제는 표현의 자유와 사회적 책임의 균형을 두고 오랜 논쟁을 이어왔다.
> (가)문학의 자율성을 옹호하는 입장은 표현의 자유를 문학의 본질적 요소로 본다. 이들은 문학이 인간의 창의성과 상상력을 표현하는 매체이며, 자유로운 창작 환경이 보장되지 않으면 문학의 진정성과 발전이 저해된다고 주장한다. 검열은 작가들의 목소리를 억압하고, 표현 가능한 주제와 형식을 제한함으로써 독창적이고 다양한 작품이 나올 기회를 박탈한다고 본다. 문학은 사회와 인간의 본질을 비판적으로 탐구하는 기능을 가진다. 이를 통해 사회적 금기를 넘어 인간의 복잡성을 이해하고, 통찰을 제공할 수 있다. 예를 들어, 조지 오웰의 『1984』는 권력의 억압적 통제를 비판하며 검열의 위험성을 보여 준다. 문학의 자율성을 제한하면 이러한 중요한 비판적 작품이 탄생할 수 없게 된다.
> (나)문학 검열을 지지하는 입장은 문학이 사회에 미치는 영향력을 고려해야 한다고 주장한다. 문학은 단순히 개인의 창작물에 그치지 않고, ㉠사람들에게 강한 정서적 영향을 끼칠 수 있는 매체이다. 따라서 이 ㉡사람들은 폭력, 혐오, 차별을 조장하거나 사회 질서를 위협할 가능성이 있는 작품에 대해서는 규제가 필요하다고 본다. 즉, 검열을 통해 문학이 ㉢사람들의 가치관 형성에 부정적인 영향을 미치는 것을 막고, 공동체의 안전과 조화를 유지할 수 있다고 주장한다. 예를 들어, 극단적 이데올로기를 지닌 ㉣사람들이 선동적인 내용을 담은 문학 작품을 통해 ㉤사람들 간의 갈등과 폭력을 촉진할 경우, 이는 개인의 표현의 자유보다 더 큰 사회적 비용을 초래할 수 있다.

문 18. 윗글의 (가)와 (나)의 주장에 대해 평가한 내용으로 가장 적절한 것은?

① 문학은 모든 금기에 저항하는, 인간에 대한 가장 솔직한 고백이라는 주장이 받아들여진다면 (가)의 주장은 약화될 것이다.
② 문학은 세상에 존재하는 가장 강력한 마취제라는 주장이 받아들여진다면 (가)의 주장은 강화될 것이다.
③ 문학은 독재자에 맞서는 칼보다 더 날카로운 펜이라는 주장이 받아들여진다면 (나)의 주장은 약화될 것이다.
④ 문학의 본질은 자유로움에 있고, 그 자유로움은 어떠한 간섭도 받지 않는 데 있다는 주장이 받아들여진다면 (나)의 주장은 강화될 것이다.

문 19. ㉠~㉤ 중 문맥적 의미가 동질적인 것끼리 묶인 것은?

① ㉠, ㉡
② ㉠, ㉢
③ ㉡, ㉣
④ ㉡, ㉤

문 20. 다음 진술이 모두 참일 때 반드시 참인 것은?

> ○ 교행직에 관심이 있는 수험생은 일행직에 관심이 있다.
> ○ 사서직에 관심이 있는 수험생은 일행직에 관심이 있다.
> ○ 경찰직에 관심이 있는 수험생은 일행직에 관심이 없다.
> ○ 경찰직에 관심이 없는 수험생은 소방직에 관심이 있다.

① 일행직에 관심이 있는 수험생은 사서직에도 관심이 있다.
② 사서직에 관심이 있는 수험생은 소방직에는 관심이 없다.
③ 경찰직에 관심이 있는 수험생은 교행직에도 관심이 있다.
④ 소방직에 관심이 없는 수험생은 교행직에도 관심이 없다.

문 9. 다음 ㉠에 들어갈 말로 가장 적절한 것은?

영국의 의사 존 스노우는 1854년 런던 소호 지역에서 콜레라가 심각하게 확산되던 현장을 조사하던 중, 여러 감염자들의 주소지를 지도에 표시하여 발병 지역을 체계적으로 파악했다. 또한 그는 ㉠ 도 알아냈다. 존 스노우는 당시 '공기로 전염된다'라고 여겨지던 통념을 의심하고, 감염자들이 주로 공용 수도를 이용했다는 점에 착안했다. 그는 다양한 가정과 사례를 분석한 끝에, 감염자들이 모두 브로드 스트리트 펌프에서 물을 길어다 마셨다는 공통점을 발견하게 된다. 이를 통해 스노우는 개인의 생활 환경과 질병 간의 상관관계를 추적하는 역학적 방법론을 확립하게 되었으며, 공중 보건 분야에서 과학적 근거를 활용한 정책 개선의 중요성을 널리 알리는 계기를 마련했다.

① 콜레라는 물을 통해 전염된다는 사실
② 환자들이 비위생적인 환경에 노출되었다는 사실
③ 콜레라가 호흡기를 통해서도 전염될 수 있다는 사실
④ 특정 항체를 지닌 사람들은 콜레라에 걸리지 않는다는 사실

문 10. 다음 글에 제시된 유목민의 삶에서 얻을 수 있는 교훈으로 가장 적절한 것은?

남아프리카 칼라하리 사막에 살고 있는 원시 유목 민족은 절대적 빈곤에도 불구하고 불행하지 않다. 이 원시인들에게는 개인 소유물이 전혀 없다. 그들은 자신이 가진 것에 집착하지 않고, 한 곳에서 다른 곳으로 옮겨갈 때는 가졌던 것을 버린다. 다른 곳으로 쉽게 이동하기 위해서는 그렇게 하는 것이 필요하기 때문이다.
그들에게는 생산을 위한 활동, 즉 노동이 없다. 말하자면 그들은 한가롭게 수렵하고 채집하며, 손에 넣은 모든 것을 서로 나누어 가진다. 그들은 아낌없이 낭비한다. 그들은 모든 것을 단번에 소비하며, 어떠한 경제적 계산도 하지 않고, 아무것도 저장하지 않는다. 그들은 인간의 에너지나 자연 자원, 혹은 경제적으로 사용 가능한 것들을 결코 완전히 활용하지는 않는다. 원시인들은 잠을 많이 잔다. 자연 자원의 풍부함에 대한 신뢰, 바로 이것이 원시인의 경제 체계의 특징이다.
반면에 현대인의 체계가 갖는 특징은 인간이 쓸 수 있는 수단이 충분하지 않다는 데에 대한 절망감, 그리고 시장 경제와 보편적 경쟁의 결과로 발생하는 근본적이고 파국적인 불안감이다. 이 특징은 기술이 진보함에 따라 더 뚜렷해진다.

① 눈앞만 바라보지 말고 미래를 대비해야 한다.
② 절대적 빈곤은 오직 내면에만 존재하는 것이다.
③ 잉여물에 집착하지 말고 지금 이 순간에만 집중하라.
④ 진정한 풍요로움을 누리기 위해서는 기술의 발전이 필요하다.

문 11. (가)와 (나)를 전제로 할 때 빈칸에 들어갈 결론으로 가장 적절한 것은?

(가) 인구 밀집 지역에 거주하는 어떤 사람은 주차난을 겪는다.
(나) 인구 밀집 지역에 거주하는 사람은 모두 대중교통을 자주 이용한다.
따라서 _____.

① 주차난을 겪는 어떤 사람은 대중교통을 자주 이용한다
② 인구 밀집 지역에 거주하는 사람은 모두 주차난을 겪는다
③ 대중교통을 자주 이용하는 사람 중 일부는 주차난을 겪지 않는다
④ 대중교통을 자주 이용하는 사람은 모두 인구 밀집 지역에 거주한다

[12~13] 다음 글을 읽고 물음에 답하시오.

조선 시대에는 과거 제도를 통해 관리를 선발했다. 과거는 크게 문과, 무과, 잡과로 나뉘었는데, 문과가 가장 중요했다. 문과는 초시, 복시, 전시의 3단계로 치러졌고, 전시에 합격한 사람만이 관리가 될 수 있었다.
그런데 16세기 중반부터 과거 ㉠부정이 만연해졌다. 특히 초시에서 수험생 간 답안지를 바꿔치기하는 경우가 많았다. 이를 방지하기 위해 정부는 답안지에 수험생의 이름을 쓰게 했지만, 이번엔 시험관이 특정 수험생에게 유리하게 채점하는 일이 벌어졌다.
17세기에 들어서면서 과거 시험장에서 책을 몰래 보는 행위도 늘어났다. 이를 방지하기 위해 시험장 입구에서 엄격한 몸수색을 했지만, 수험생들은 더욱 교묘한 방법을 고안해 냈다. 작은 글씨로 쓴 족자를 만들어 옷 속에 숨기거나, 심지어 시험장 담장 밖에서 책의 내용을 큰 소리로 외치는 사람을 고용하기도 했다. 양반들은 자신의 자제들이 과거에 합격할 수 있도록 온갖 수단을 동원했다. 시험관에게 뇌물을 주거나, 권력자에게 청탁하는 일이 비일비재했다. 이로 인해 실력 없는 사람들이 관직에 오르는 경우가 많아져 국정 운영에 악영향을 미쳤다.
이러한 부정행위를 막기 위해 정부는 여러 대책을 내놓았다. 과거 시험장을 철저히 감시하고, 부정행위자를 엄벌에 처했다. 그러나 이런 노력에도 불구하고 과거 부정은 쉽게 근절되지 않았고, 조선 후기까지 계속되었다.

문 12. 윗글에 대한 추론으로 적절하지 않은 것은?
① 부정행위를 방지하기 위해 정부는 다양한 대책을 내놓았지만 부정행위는 쉽게 근절되지 않았다.
② 관리가 되기 위해서 수험생들은 과거를 치렀는데 복시에 합격한 사람은 관리가 될 수 없었다.
③ 과거 시험으로 인한 부정은 개인적인 비리로 끝나지 않고 사회적인 문제로까지 확대되어 나타나게 되었다.
④ 수험생 간의 부정을 방지하기 위해 답지에 이름을 쓰게 했지만 이 때문에 채점관과 수험생 간의 부정이 생겨나게 되었다.

문 13. 다음 밑줄 친 단어 중 ㉠의 의미로 사용된 것은?
① 그는 부정 타서 이런 일이 생겼다고 생각하고 씁쓸해했다.
② 그녀는 긍정도 부정도 아닌 애매하고 모호한 미소만 지었다.
③ 남달리 정의감과 결벽성이 세기 때문에 사소한 부정도 참지 못했다.
④ 이리저리 옮겨 다니며 주거지가 부정할 경우 구속의 사유가 될 수 있다.

문 14. 밑줄 친 대화 방식에 따라 〈보기〉에 응답한 것으로 가장 적절한 것은?

대화 시 초점을 두는 부분에 따라 대화의 방식이 달라진다. 이러한 대화의 초점에는 정보성과 관계성이 있다. 정보성에 초점을 두고 대화하는 경우는 대화 과정 자체보다는 대화 내용에 중점을 두고 공감이나 유대감 형성보다는 문제 해결을 어떻게 할 것인가에 관심을 갖는다. 반면 관계성에 초점을 두고 대화하는 경우는 해결책을 제시하기보다는 말이 오가는 대화 과정 자체를 통해서 상대방과 함께 공감하며 유대감을 형성하는 것에 중점을 둔다.

〈보 기〉

시험 범위가 너무 넓어서 밤새 시험공부를 하다가 아침이 되어 버렸지 뭐야.

① 피곤할 텐데, 조금이라도 잠을 자는 게 어때?
② 미리 공부를 해 두었더라면 밤샐 필요가 없었잖니?
③ 밤새 공부를 하느라 피곤하겠다. 시험공부는 많이 했어?
④ 그렇게 벼락치기로 밤새 시험공부를 하면 효율이 떨어지지 않니?

[15~16] 다음 글을 읽고 물음에 답하시오.

'P이면 Q이다.'라는 명제에서 P를 전건, Q를 후건이라고 한다. 그리고 이를 대전제로 두고 소전제에서 대전제의 전건이나 후건을 긍정하거나 부정하면 삼단 논법을 통해 결론을 ㉠얻을 수 있다.

(가) 비가 오면 땅이 젖는다. 비가 오지 않았다. 그러므로 땅이 젖지 않았을 것이다.
(나) 비가 오면 땅이 젖는다. 땅이 젖었다. 그러므로 비가 왔을 것이다.

그런데 (가)와 (나)는 전제로부터 결론이 필연적으로 도출되지 않는 타당하지 않은 추론이다. (가)는 대전제의 전건을 부정하여 후건을 부정하는 결론을 얻는 전건 부정의 오류이고, (나)는 대전제의 후건을 긍정하여 전건을 긍정하는 결론을 얻는 후건 긍정의 오류이다. (가)는 'P이면 Q이다. P가 아니다. 그러므로 Q가 아니다.'라는 형식으로 ㉡나타낼 수 있고, (나)는 'P이면 Q이다. Q이다. 그러므로 P이다.'라는 형식으로 나타낼 수 있다. 이러한 논리 형식을 볼 때 결론이 필연적으로 도출되지 않는다. 그리고 (가)와 (나)는 내용적으로 ㉢따져 보아도 오류라는 것을 알 수 있다. (가)의 경우 비가 오지 않았더라도 눈이나 안개가 원인이 되어 땅이 ㉣젖을 수도 있을 것이다. 그리고 (나)의 경우에도 땅이 젖었더라도 그 원인이 비가 아니라 눈이나 안개일 수도 있기 때문이다.

문 15. 윗글을 읽고, 〈보기〉의 명제에 대해 추론한 내용으로 적절하지 않은 것은?

〈보 기〉
(A) 사람이 독버섯을 먹으면 죽는다. 어떤 사람이 죽었다. 그러므로 그 사람은 독버섯을 먹었을 것이다.
(B) 사람이 독버섯을 먹으면 죽는다. 어떤 사람이 독버섯을 먹지 않았다. 그러므로 그 사람은 죽지 않을 것이다.

① (A)는 후건 긍정의 오류이고, (B)는 전건 부정의 오류이다.
② (A)와 (B)는 전제로부터 결론이 필연적으로 도출되지 않는 타당하지 않은 추론이다.
③ (A)는 'P이면 Q이다. Q가 아니다. 그러므로 P가 아니다.'라는 형식으로 나타낼 수 있다.
④ (B)는 독버섯이 아닌 다른 원인에 의해 그 사람이 죽을 수도 있으므로 내용적으로 오류임을 알 수 있다.

문 16. ㉠~㉣을 대체할 말로 적절하지 않은 것은?
① ㉠: 도출할
② ㉡: 표현할
③ ㉢: 판단해
④ ㉣: 침습할

문 17. 다음 조건들이 참이라고 할 때 반드시 참인 것은?

○ A 작품이나 B 작품이 신춘문예에 입선한다.
○ A 작품이 신춘문예에 입선하면, C 작품도 입선한다.

① A 작품은 신춘문예에 입선한다.
② B 작품은 신춘문예에 입선한다.
③ 세 작품 중 적어도 두 작품이 신춘문예에 입선한다.
④ 세 작품 모두 신춘문예에 입선할 수도 있다.

[18~19] 다음 글을 읽고 물음에 답하시오.

한국 민담은 주로 공동체적 가치를 중심으로 전개되며, 인간의 지혜와 덕목이 사회적 조화와 결합되는 과정을 담아낸다. 한편 다른 나라의 민담은 개인적 모험과 극복의 서사가 두드러지며, 인간과 세계의 관계를 보다 위계적으로 묘사하는 경향이 있다.

한국 민담은 무엇보다 공동체와 조화를 이루는 인간상을 중시한다. 「흥부와 놀부」의 경우, 가족과 이웃 사이의 상호 부조와 협력을 통해 삶의 문제를 해결하는 과정을 담고 있다. 이 민담에서 흥부는 자신의 선행으로 인해 보답을 받고, 놀부는 탐욕과 이기심 때문에 벌을 받으며, 결국 공동체적 가치를 통해 삶의 균형을 회복한다. 이러한 민담은 개인의 행위가 사회적 맥락 속에서 평가된다는 점에서, 한국 민담이 공동체적 윤리와 가치에 기반하고 있음을 보여 준다.

그런데 다른 나라의 민담은 이와는 ㉠다른 부분에 초점을 맞춘다. 독일의 「헨젤과 그레텔」에서는 두 주인공이 마녀의 집에서 살아남기 위해 독립적으로 지혜를 발휘하고 문제를 해결하며, 결국 자유를 쟁취한다. 북유럽 민담에서는 종종 영웅이 신비로운 존재나 초자연적 힘을 통해 자신의 목표를 달성하는 서사가 반복되는데, 이는 개인의 용기와 지혜를 강조하는 특징을 지닌다. 이러한 민담들은 개인의 자립과 성취를 통해 세계와의 갈등을 해결하는 과정에 초점을 둔다.

문 18. 윗글을 이해한 내용으로 적절하지 않은 것은?
① 한국 민담은 공동체 지향적인 내용을 담고 있다.
② 한국 민담 속 주인공은 세계와의 갈등을 비현실적으로 극복한다.
③ 독일의 민담에는 위기를 극복하는 개인의 성취가 나타나기도 한다.
④ 한국 이외의 민담에서는 개인이 자신의 목표를 이루는 이야기가 중시된다.

문 19. 문맥상 ㉠의 의미와 가장 유사한 것은?
① <u>다른</u> 생각 말고 공부나 해라.
② <u>다른</u> 사람들은 지금 어디 있지?
③ 편식하지 말고 <u>다른</u> 것도 먹어라.
④ 매일 <u>다른</u> 색의 옷을 입고 출근했다.

문 20. 다음 빈칸에 들어갈 내용으로 가장 적절한 것은?

문장 속에서 '-시키다' 형의 동사가 나올 때는 주어 이외에 실제 행위를 담당하는 또 다른 행위 주체가 있다. 예컨대 '상품을 개발하다'와 같은 말은 이 말을 이끄는 주어가 하나이지만, 이를 '개발시키다'로 바꾸면 '누군가에게 시켜 개발하게 하다'라는 의미가 되어 '개발'의 실제 행위자는 다른 사람이 되는 것이다.

아울러, '접수(接受)'의 용법도 살펴보아야 한다. 이 말은 '무언가를 받는다'라는 뜻이다. 쓰이는 상황에 따라서는 '접수하다', '접수되다'가 모두 가능하다. 가령 대학에서 입학 원서를 받는 상황이라면, '접수했다'라는 말의 주체는 언제나 '대학'이 될 것이다. 하지만 우리는 '지원자들이 막판까지 눈치작전 끝에 원서를 접수했다'와 같은 말을 흔히 쓴다. 물론 틀린 표현이다. '접수했다' 자리에 '접수시켰다'를 쓰기도 하는데 이 역시 옳지 않기는 마찬가지다. 이는 '대학으로 하여금 원서를 접수하게 했다'라는 뜻이 되기 때문이다. '접수시키다'라는 말이 바르게 쓰이는 상황을 굳이 설정하자면, '대학 당국은 창구 직원에게 마감 시간을 한 시간 연장해 접수시켰다'라고 할 수 있을 것이다. 결국 '접수'는 지원자를 주체로 해서는 쓸 수 없는 말이다. 지원자를 주어로 쓰고 싶을 때는 '내다' 또는 [   ]이 적절하다.

① '제출하다'를 쓰는 것
② '접수하다'를 쓰는 것
③ '제출되다'를 쓰는 것
④ '접수시키다'를 쓰는 것

문 10. 다음 글에서 추론한 내용으로 가장 적절한 것은?

> 양심은 인간이 사회에서 자신의 행위에 대하여 도덕적인 책임을 생각하는 감정상의 느낌을 말한다. 즉 자기 자신의 행위에 대하여, 각 개인이 스스로 그 행위에 대해 평가하는 것에서 생긴다. 양심은 그 자체가 인간에게 불변하는 것으로서 부여된 것도 아니고 또는 진화의 결과로 생겨난 것도 아닌, 사람들의 사회적 지위, 그가 받은 교육 등에 의해 형성되는 것이다. 양심은 의무와 밀접히 연결되어 있는데, 의무를 수행할 때는 양심을 지킬 수 있고, 그것을 거부할 때는 양심의 가책을 느끼게 된다.

① 개개인의 선천적 특징은 양심의 형성에 중요한 영향을 미칠 것이다.
② 개인의 양심은 사회화나 훈육을 통해 인위적으로 형성될 수 없다.
③ 개인의 양심은 자신을 객관적으로 평가하려는 이성적 사고에서 비롯된 것이다.
④ 사회적 지위가 다른 두 사람이 같은 행위에 대해 느끼는 양심의 감정은 다를 수 있다.

문 11. 다음 대화를 분석한 내용으로 적절하지 않은 것은?

> 갑: 우리나라 기업들의 지배 구조와 경영 투명성이 많이 개선되었지만, 아직도 소액 주주의 권리 보호가 미흡해. 따라서 이제는 기업의 성장보다 주주 권리 보호가 더 중요하다고 봐. 상법 개정을 통해 이사의 충실 의무 대상을 '회사'에서 '회사 및 주주'로 확대해야 해.
> 을: 맞아. 그런 의미에서 상법 개정 외에도 집중 투표제 의무화나 감사 위원 분리 선출 확대 등을 통해 소액 주주의 권리를 더욱 강화할 필요가 있어.
> 병: 하지만 이사들의 의무를 지나치게 확대하면 경영 의사 결정이 지연되고 소송이 남발될 수 있어. 능력 있는 경영진이 제대로 역량을 발휘할 수 있을까?
> 갑: 물론 그런 부작용이 있을 수 있지만, 현재는 기업 지배 구조 개선이 시급해. 이를 통해 한국 자본 시장의 활력을 높이고 기업 가치를 제고할 수 있어.
> 병: 기업 경영의 투명성을 높이는 것은 좋지만, 상법 개정이 오히려 해외 투기 자본의 공격 수단이 될 수 있어. 이는 국내 기업들의 경쟁력을 훼손할 수 있다고 봐.
> 을: 기업의 경쟁력과 주주 권리 보호 사이의 균형이 필요해. 자본거래에서 주주 보호를 강화하는 방안뿐만 아니라 적대적 M&A에 대응할 수 있는 방안도 마련해야 해.

① 해결책이 가져올 부작용에 대해서 우려하는 사람이 있다.
② 문제를 해결할 수 있는 구체적인 방안을 제시하는 사람이 있다.
③ 대립하는 의견 사이에서 절충적 관점에서 접근하는 사람이 있다.
④ 대화가 진행되면서 논점에 대한 찬반 입장이 바뀌는 사람이 있다.

[12~13] 다음 글을 읽고 물음에 답하시오.

> 과학과 문학은 세상을 인식하는 방식에서 근본적인 차이를 보인다. 과학자는 객관적 사실과 현상에 집중하며, 실험과 관찰을 통해 현상을 도출하는 자연의 법칙을 밝히고자 한다. 반면 문학가, 특히 시인은 현상의 이면에 숨겨진 의미와 정서를 찾아내는 데 주력한다.
> 과학은 세상을 앞으로 이끄는 역할을 하지만, 문학은 우리의 삶을 되돌아보게 만든다. 과학자가 자연 현상을 분석하고 설명하려 노력한다면, 시인은 일상에서 흔히 지나치는 것들에서 새로운 의미를 포착하고 이를 형상화한다. 문학가는 누구나 볼 수 있지만 대부분이 의미를 찾지 못하는 것들에서 특별한 가치와 감정을 찾아낸다. 이러한 세심한 관찰은 사물의 본질을 이해하는 데 중요한 역할을 한다.
> 예를 들어, 바닷가의 모래 위에 찍힌 발자국은 누구나 볼 수 있는 흔한 광경이다. 하지만 시인은 이러한 일상적인 현상에 의문을 제기하고, 그 속에서 새로운 의미를 발견한다. 이를 통해 독자들은 '왜 나는 그것을 보지 못했을까?'라는 질문을 던지며 자신의 삶을 성찰하게 된다.
> 결국 과학이 ㉠ 데에 초점을 맞춘다면, 문학은 ㉡ 데에 주력한다. 이러한 차이로 인해 문학은 우리의 삶을 더욱 풍요롭게 만들고, 세상을 바라보는 새로운 시각을 제공한다.

문 12. 윗글에 대한 이해로 적절하지 않은 것은?
① 문학의 세심한 관찰은 사물의 본질을 이해하는 데 도움을 준다.
② 문학은 일상적인 현상에서 숨겨진 의미를 파악하는 데 집중한다.
③ 과학은 표면에 나타난 현상에 집중하며 그 속에 내재된 원리를 밝히려 한다.
④ 과학과 문학 모두 세상을 이끄는 역할을 하지만 그 접근법에는 차이가 있다.

문 13. ㉠과 ㉡에 들어갈 말로 적절하지 않은 것은?

	㉠	㉡
①	세상의 작동 원리를 밝히는	인간의 내면을 탐구하는
②	현상에 숨겨진 뜻을 밝히는	독자를 성찰로 이끄는
③	현상의 객관적 법칙을 밝히는	일상에 숨겨진 낯선 의미를 파악하는
④	세상을 전보다 더 발전시키는	우리의 삶을 풍요롭게 이끄는

문 14. 다음 글의 결론을 이끌어 내기 위해 추가해야 할 전제만을 〈보기〉에서 모두 고르면?

> A 부서는 올 상반기에 우리, 나라, 대한, 민국, 만세 5명 중에서 신입 사원을 채용할 예정이다. 나라는 반드시 신입 사원으로 채용된다. 대한이나 민국이 신입 사원으로 채용되지 않을 경우 만세도 채용되지 않는다. 따라서 만세는 신입 사원으로 채용되지 않는다.

─〈보 기〉─
ㄱ. 우리는 신입 사원으로 채용되지 않는다.
ㄴ. 우리가 신입 사원으로 채용되지 않거나 대한과 민국이 채용된다.
ㄷ. 대한과 민국이 신입 사원으로 채용되면 나라는 채용되지 않는다.

① ㄱ ② ㄷ ③ ㄱ, ㄷ ④ ㄴ, ㄷ

[15~16] 다음 글을 읽고 물음에 답하시오.

한 경제 안의 수요는 크게 보아 소비, 투자, 정부 지출의 세 부분으로 구성되어 있다. 다시 말해 소비자의 소비 지출, 기업의 투자 지출, 그리고 정부 부문의 지출이 총수요의 주요한 요소들인데, 그중에서 가장 큰 비중을 차지하는 것은 소비 지출이다. 대부분의 나라에서 소비 지출은 그 나라 총수요의 2/3를 넘는 비중을 차지하고 있다.

만약 사람들이 저축을 늘린다면 소비가 줄어들 것은 뻔한 일이며, 총수요도 따라서 줄어들게 된다. 총수요가 줄어들게 되면 기업들은 생산을 줄이기 시작하고 이에 따라 고용 수준도 점차 떨어지게 된다. 실업이 늘고 경제가 불안해지면 사람들은 자연히 보수적이 되어 소비를 줄이려고 한다. 그렇게 되면 경제는 더욱 위축되는 결과가 빚어질 가능성이 크다. 이 상황에서 벗어나려면 오히려 더욱 과감하게 소비해야 할 테지만 불안감에 사로잡힌 사람들은 그렇게 하지 못한다. 소비를 줄이고 저축을 늘리려 한 것이 이처럼 바람직하지 않은 결과를 가져온다는 의미에서 '저축은 악덕'이라는 말이 ㉠나왔다.

그러나 저축이 악덕이 될 때는 단기적으로 수요가 부족하여 경제에 문제가 생긴 경우에 한해서라는 사실에 주의해야 한다. 만약 우리가 장기적인 시각에서 경제를 보게 되면 저축은 전혀 다른 모습으로 우리 눈에 들어오게 된다. 경제가 성장해 나가려면 우선 자본이 계속 축적되어야만 하는데, 저축 없이는 자본이 순조롭게 축적될 수 없다. 해외에서 돈을 꾸어 투자할 수도 있지만 끝없이 빌려 오기만 할 수는 없는 일이다. 그러므로 장기적 관점에서 보면 이제 저축은 다시 미덕이 된다.

문 15. 윗글에 대해 평가한 내용으로 적절하지 않은 것은?
① 10년간 저축률 향상이 이루어진 국가의 경제 성장률 상승이 저조하다면 글쓴이의 주장은 약화될 것이다.
② 불황기에 국가가 개입해 소비를 증진시켰더니 총수요가 늘어났다면 글쓴이의 주장은 약화될 것이다.
③ 소비와 투자, 정부로 인한 지출 중 소비로 인한 지출이 가장 크다면 글쓴이의 주장은 강화될 것이다.
④ 기업의 자본 축적이 기술 발전으로 이어져 궁극적으로 대외 경쟁력이 강화되었다면 글쓴이의 주장은 강화될 것이다.

문 16. 다음 밑줄 친 단어 중 ㉠의 문맥적 의미와 가장 유사한 것은?
① 이 상품은 시장에 나온 후에 바로 큰 인기를 끌었다.
② 반찬거리를 싸게 사려면 우리 동네 시장으로 나와라.
③ 충분한 자료 검토에서 나온 비판만이 인정받을 수 있다.
④ 연료통에서 가스가 잘 나오지 않아 기계를 돌릴 수가 없다.

문 17. 다음 조건들이 참이라고 할 때 반드시 참인 것은?

○ 김 주무관이 야근을 하거나 이 주무관이 야근을 한다.
○ 김 주무관이 야근을 하거나 박 주무관이 야근을 한다.
○ 최 주무관이 야근을 하면, 박 주무관도 야근을 한다.

① 김 주무관이 야근을 하지 않으면, 네 사람 중 적어도 두 사람이 야근을 한다.
② 최 주무관이 야근을 하지 않으면, 탁 주무관도 야근을 하지 않는다.
③ 김 주무관이 야근을 하면, 이 주무관은 야근을 하지 않는다.
④ 최 주무관이 야근을 하면, 김 주무관도 야근을 한다.

[18~19] 다음 글을 읽고 물음에 답하시오.

표현주의는 ㉠외부 세계에 대한 인상이 아닌 인간의 내면으로부터 우러나오는 감정을 표현하고자 했다. 자연 그대로의 모습으로 ㉡실제의 사물들을 묘사하는 자연주의처럼 세계를 모방하는 것이 아니라, 자아의 내면을 표현하고자 했던 것이다. 그래서 표현주의자들은 예술의 생성 과정이 외부에서 내부로 향하는 것이 아니라 내부에서 외부로 향하는 것이라고 보았으며, 따라서 예술이란 ㉢세계를 온전히 담아내는 것이 아닌, 내면적 현실을 구체화하는 작업이라고 주장했다. 회화의 선이나 형태, 색채 등을 감정 표현의 수단으로 이용했고, 형태의 왜곡을 통해 감정을 더욱 강렬하게 전달하고자 했다. 특히 그들은 인간이 겪는 고통과 가난, 폭력 등 ㉣비참한 현실들을 직시하고, 인간에 대한 연민을 강렬한 색채와 왜곡된 선으로 생동감 있게 표현했다. 표현주의자들은 내면을 보다 효과적으로 드러내기 위하여 조화나 미에 대한 전통적인 개념을 무시했다.

문 18. 윗글에 대한 평가로 가장 적절한 것은?
① 예술은 자아의 반영이라는 주장이 받아들여진다면 표현주의자들의 주장은 약화되겠군.
② 예술은 한 인간의 진솔한 고백이라는 주장이 받아들여진다면 표현주의자들의 주장은 약화되겠군.
③ 예술은 작가와 현실과의 상호 작용이라는 주장이 받아들여진다면 표현주의자들의 주장은 강화되겠군.
④ 예술은 개인을 초월하는 의지의 반영이라는 주장이 받아들여진다면 표현주의자들의 주장은 강화되겠군.

문 19. ㉠~㉣ 중 문맥적 의미가 이질적인 것은?
① ㉠ ② ㉡ ③ ㉢ ④ ㉣

문 20. 다음 글에서 추론한 내용으로 적절하지 않은 것은?

높임법이란 말하는 이가 듣는 이나 다른 대상을 높이거나 낮추는 정도를 언어적으로 구별하여 표현하는 문법 요소를 말한다. 높임법은 높이는 대상이 누구인가에 따라 크게 세 가지 차원으로 나뉜다. 하나는 행위의 주체를 대상으로 하는 높임법이고, 다른 하나는 그 행위가 미치는 쪽을 대상으로 하는 높임법이다. 마지막으로 말을 듣는 상대, 곧 청자를 대상으로 하는 높임법이 있다. 이를 각각 주체 높임법, 객체 높임법, 상대 높임법이라고 한다.

주체 높임법은 주로 서술어에 선어말 어미 '-(으)시-'가 붙어 실현되나, 부수적으로 주격 조사 '이/가' 대신 '께서'가 쓰이기도 하고 주어 명사에 '-님'이 덧붙기도 한다. 객체 높임법에서는 주로 '모시다'와 같은 특수 어휘를 쓰고, 조사 '에게' 대신 '께'를 사용하기도 한다. 한편 상대 높임법은 종결 표현으로 실현된다.

위에서는 세 가지 차원의 높임법을 따로따로 서술하였지만, 실제 대화 상황에서는 이들 중 둘 또는 셋이 문장에 동시에 작용한다. 가령, 형이 동생에게 말하는 "할아버지께서 집에 다녀가셨어."는 두 차원의 높임법이 적용된 문장이다.

① 객체 높임법은 문장의 목적어나 부사어를 대상으로 한다.
② "어머니는 지혜로운 분이시다."에서는 주어를 높이지 않는다.
③ '드리다'는 객체 높임법을 실현하는 객체 높임 특수 어휘이다.
④ 높임법의 존대를 [+]로 비존대를 [-]로 나타낸다면, "할아버지께서 집에 다녀가셨어."는 [주체+], [상대-]로 표시한다.

[10~11] 다음 글을 읽고 물음에 답하시오.

영화 이론가들은 영화의 본질과 표현 방식에 대해 서로 다른 견해를 가지고 있었다. 소비에트의 영화감독 레프 쿨레쇼프는 '쿨레쇼프 효과'를 통해 편집의 중요성을 강조했다. 그는 동일한 배우의 무표정한 얼굴 샷과 다양한 이미지를 번갈아 보여 주는 실험을 통해, 관객들이 배우의 표정에서 각기 다른 감정을 읽어 내는 것을 발견했다. 이는 개별 쇼트의 의미가 그것이 배치된 맥락에 따라 달라질 수 있음을 보여 주는 것이었다.

한편 이탈리아의 네오리얼리즘 감독들은 현실 있는 그대로의 모습을 담아내는 것에 주력했다. 로베르토 로셀리니와 같은 감독들은 전후 이탈리아의 실제 모습을 담기 위해 비전문 배우를 기용하고, 스튜디오가 아닌 실제 거리에서 촬영을 진행했다. 그들은 과도한 편집이나 인위적인 연출을 배제하고, 일상의 모습을 있는 그대로 담아내고자 했다.

프랑스의 누벨바그 감독들은 이 두 가지 접근을 절충하는 방식을 택했다. 장 뤽 고다르와 같은 감독들은 점프 컷이나 핸드헬드 카메라와 같은 실험적인 기법을 사용하면서도, 동시에 파리의 실제 거리와 카페를 배경으로 삼아 현실감을 ⓐ살리고자 했다. 이들은 영화의 인위성을 인정하면서도, 그것을 통해 현실의 본질을 포착하고자 했던 것이다.

문 10. 윗글을 이해한 내용으로 적절하지 않은 것은?
① 쿨레쇼프는 인위적인 개입을 통해 영화의 의미가 만들어진다고 보았다.
② 네오리얼리즘 감독들은 현실 있는 그대로의 모습을 담기 위해 일상의 모습에 집중하기도 했다.
③ 로셀리니는 과도한 편집을 배제하고 서로 관련성이 없는 장면을 연결해 의미를 만들어 내려 했다.
④ 누벨바그 감독들은 실험적 기법과 현실적 배경을 동시에 활용하여 현실의 본질을 포착하려 했다.

문 11. 문맥상 ⓐ의 의미와 가장 가까운 것은?
① 칭찬 몇 마디로 기를 살려 주었다.
② 업체 간의 파기했던 계약을 겨우 살렸다.
③ 그녀는 평범한 옷도 개성을 살려 입는다.
④ 입김을 불어 꺼져 가던 불씨를 살려 냈다.

문 12. 다음 ⓐ~ⓓ을 수정한 것으로 적절하지 않은 것은?

화산 폭발이 일어나면, 마그마 속의 가스와 용암이 고압으로 방출된다. 이때 용암과 함께 화산재가 대기 중으로 분출되는데, 화산재는 매우 ⓐ무거운 입자로 이루어져 있어 높은 고도로 퍼져 나간다. 화산재는 분출 후 바람에 의해 먼 거리까지 이동할 수 있으며, 대기 중에 머무르는 동안 태양빛을 차단하여 지역적으로 ⓑ기온을 낮추는 효과를 가져온다. 이러한 현상은 '화산의 겨울'로 불리며, 전 지구적인 기후 변화로 이어질 수 있다.

화산재는 농업, 산업, 항공 등 여러 분야에 심각한 영향을 미친다. 농작물이 화산재에 뒤덮이면 ⓒ광합성이 강해져 작물의 성장이 멈추거나 작물이 죽게 된다. 또한, 항공기 엔진에 화산재가 들어가면 기계가 손상될 위험이 있어 항공 노선이 차단되기도 한다. 화산재가 지표면에 쌓이면 ⓓ하천과 수로가 생기거나 도로가 파손되며, 지역 사회에 광범위한 피해를 준다.

① ⓐ: 가벼운 미세 입자
② ⓑ: 기온을 높이는
③ ⓒ: 광합성이 중단되어
④ ⓓ: 하천과 수로가 막히거나

문 13. 다음 대화를 분석한 내용으로 가장 적절한 것은?

갑: 우리나라는 이제 많이 발전했어. 따라서 이제는 성장보다는 분배가 더 중요하다고 생각해. 자원의 공정한 분배 없이는 누가 일을 열심히 하려고 하겠어?
을: 그런 점에서 누진적 과세 외에 다른 방법을 통해 소득의 재분배를 강화할 필요가 있다고 생각해.
병: 능력이 있는 사람에게 성과가 제대로 돌아가지 않는다면 능력이 있는 사람이 능력을 발휘할까?
갑: 물론 분배를 강조하다 보면 그런 문제가 생겨날 수 있지만 현재는 사회 정의를 바로 세우는 것이 급선무야.
병: 부유한 계층이 정의롭지 않은 방법으로 부를 축적했다면 그에 대한 제재를 가하는 것이 맞지만 단순히 부의 편중화가 심하다고 징벌적 제재를 가하는 것은 옳지 않다고 봐.
을: 사회적인 부를 증가시키기 위해서 개인의 능력을 중시할 필요는 있어. 그러나 현재의 부는 여러 사람에게 분배될 수 있을 정도로 충분한 것 같아.

① 갑은 윤리적 측면보다는 경제적 측면에서 문제에 접근하고 있다.
② 을은 갑의 주장에 동조하며 구체적인 해결책을 제시하고 있다.
③ 병은 갑의 주장을 수용하여 기존 자신의 주장을 보완하고 있다.
④ 병은 분배 정책 강화가 사회 정의와는 거리가 멀다고 주장하고 있다.

문 14. (가)와 (나)를 전제로 할 때 빈칸에 들어갈 결론으로 가장 적절한 것은?

(가) 스포츠에 열광하는 모든 사람은 해외 축구 경기를 본다.
(나) 어떤 청소년은 스포츠에 열광한다.
따라서 _____.

① 청소년 중 일부는 해외 축구 경기를 본다
② 해외 축구 경기를 보는 사람은 모두 청소년이다
③ 스포츠에 열광하지 않는 사람 중 일부는 청소년이다
④ 해외 축구 경기를 보지 않는 사람 중 일부는 스포츠에 열광한다

문 15. ⓐ~ⓓ에 대한 이해로 적절하지 않은 것은?

보드리야르에 따르면, 현대 사회에서 교환되는 상품은 구체적인 유용성을 띤 사용 가치의 대상이 아니라 인위적인 욕구 조작을 통해 만들어진 체계 속에서 비로소 ⓐ의미를 가지는 대상이다. 따라서 상품화된 물건은 인간의 자연적인 본성, 즉 욕구에서 비롯된 것으로 보기 어렵다. 그는 자본주의 체계 내에서 개인이 자신의 욕구를 자율적으로 표현하는 것이 아니라, 자본주의 체계가 개인이 ⓑ욕구를 가지도록 요구한다고 주장한다. 즉 소비 사회는 개인을 상품 생산 논리에 부합되는 존재로, 소비의 유혹에 끊임없이 지배당하는 존재로 만들었다.

보드리야르는 자본주의적 상품 생산 논리의 핵심을 생산이 아니라 ⓒ재생산과 소비로 보았다. 소비되지 않는 생산물은 자원의 낭비일 뿐이며, 재생산과 소비되는 것만이 생산물로서 의미를 지니기 때문이다. 여기서 생산은 재생산과 소비를 통해 비로소 자신의 의미와 기능을 인정받는다. 그래서 그는 자본주의 사회에서 생산이 소비와 재생산을 보증한다기보다는 오히려 재생산과 소비가 생산과 축적을 보증한다고 본다. 그가 이렇게 재생산과 소비를 중심으로 자본주의를 재해석하는 데에는, 경제학의 생산 중심의 논리를 비판하는 데서 그치지 않고 소비 중심으로 ⓓ자본주의 사회를 새롭게 이해하려는 의도가 담겨 있다.

① ⓐ: 자율적인 존재로서의 의미
② ⓑ: 자율적인 표현과 대비되는 욕구
③ ⓒ: 자본주의가 생산물에 의미를 부여하는 한 방식
④ ⓓ: 인간을 소비의 유혹으로 지배하는 사회

문 16. 다음 글에 대해 평가한 것으로 적절하지 않은 것은?

> 지금의 학교 행정은 이를 어쩔 수 없는 지경에 처해 놓고서 좋은 시책을 찾지 않기 때문에 그 효과를 보지 못하는 것이지, 노력을 했는데 효과가 없는 것이 아니다. 지금은 훈도를 지극히 천한 직책이라 하여 빈곤하고 자산이 없는 자에게만 그 자리를 주어 기한이나 면하게 하니, 훈도가 된 사람도 한갓 교생을 긁어내어 제 배나 채울 뿐, 교육이라는 것이 무엇인지 누가 알기나 하는가? 이렇게 되고서 인재를 기르기를 바란다는 것은, 나무에 올라가 물고기를 잡으려 하는 것과 무엇이 다르겠는가?
> 무릇 훈도를 파견할 때에는 반드시 그 고을 출신자를 임명하고, 그 고을 출신자가 없으면 이웃 고을 출신자로, 이웃 고을 출신자가 또 없으면 그 도(道) 출신자로 하되, 숫자를 채우는 것으로 그치지 말고 오직 교육의 성취를 기하여야 할 것이다. 관리들도 훈도를 예로써 대하여, 관리들이 오더라도 향교(鄕校)에 들어가는 경우가 아니면 영접하지 말게 하고, 불가피한 경우가 아니면 공공의 모임에 참석하지 말게 하여, 훈도로 하여금 몸가짐을 자중케 하고 학생들을 면려케 한 다음, 매년 감사가 친히 그 성적을 평가하되 유생만을 시험하고 훈도는 시험하지 않는 것이다.

① 엄격한 기준을 바탕으로 훈도들을 등용한 것이라면 글쓴이의 주장은 약화될 것이다.
② 학연이나 지연 등으로 인해 학교 행정의 폐단이 발생하는 것이라면 글쓴이의 주장은 약화될 것이다.
③ 훈도의 수가 크게 부족하여 유생의 훈육에 있어 폐단이 발생한 것이라면 글쓴이의 주장은 강화될 것이다.
④ 관리와 훈도 사이의 유착 관계 때문에 공정한 교육이 이루어지지 않고 있다면 글쓴이의 주장은 강화될 것이다.

문 17. 다음 글을 이해한 내용으로 가장 적절한 것은?

> 우리가 사용하는 말에는 전달하려는 내용뿐만 아니라 말하는 사람의 심리적 태도도 담겨 있다. 심리적 태도를 드러내는 방법에는 여러 가지가 있는데, 종결 어미의 선택도 그러한 방법 중 하나이다. 예를 들어, '책상 위에 편지가 있어.'라는 문장에서 종결 어미 '-어' 대신 '-지', '-네', '-구나' 등을 쓰면 문장이 전달하는 느낌이 달라진다.
> 위의 예에서 화자는 종결 어미 '-지'를 사용하여 책상 위에 편지가 있다는 사실을 이미 알고 있었음을 표현할 수 있다. 반면 종결 어미 '-네'를 사용하면, 화자가 책상 위에 편지에 있다는 사실을 새롭게 알게 되었음을 표현할 수 있다. 단, 이러한 종결 어미는 실제 사실을 전달하는 것이 아니라 화자의 심리적 태도를 표현하는 것이기 때문에, 실제로는 새로 알게 된 내용이 아님에도 '-네'를 사용하여 새로 알게 된 것처럼 표현할 수도 있다. '-네'와 유사한 기능을 하는 종결 어미로 '-구나'를 들 수 있다. 화단에 핀 꽃을 보고 '꽃이 예쁘네.'라고 할 수도 있고, '꽃이 예쁘구나.'라고 할 수도 있다. 감각 기관을 통해 새로운 정보를 얻었음을 표현할 때에는 '-네'와 '-구나'를 모두 사용할 수 있다.
> 이처럼 우리말은 어미 사용에 따라 문장의 느낌이 달라진다. 따라서 심리적 태도를 정확하게 전달하고 이해하기 위해서는 이러한 어미를 섬세하게 다루는 것이 중요하다.

① 발화 시 화자의 심리적 태도보다 전달하려는 내용을 분명히 드러내야 한다.
② 내용이 같으면 종결 어미에 따라 말하는 사람의 심리적 태도가 달리 표현되지 않는다.
③ 종결 어미의 선택을 통해 화자가 발화 내용에 대해 이미 알고 있었는지 아닌지를 드러낼 수 없다.
④ '-구나'는 '-네'와 같이 화자가 새롭게 알게 된 사실에 주목함을 나타내는 종결 어미로 사용된다.

[18~19] 다음 글을 읽고 물음에 답하시오.

> 조선 시대에는 백성들의 식량난을 해결하고 기근에 대비하기 위해 환곡(還穀)이라는 제도가 있었다. 환곡은 나라에서 곡식을 빌려주고, 나중에 ⑤갚게 하는 제도였다. 농민들이 춘궁기에 곡식을 빌릴 수 있도록 하여 굶주림을 막고, 수확 후에 이를 갚도록 하였다. 원래는 백성들을 보호하기 위해 만든 제도였으나, 시간이 지나면서 문제가 발생하기 시작하였다.
> 환곡을 관리하는 사람들은 주로 지방 관아의 아전들이었다. 그러나 이 아전들은 곡식을 빌려줄 때 정해진 양보다 적게 주거나, 고리대처럼 높은 이자를 붙이는 일이 많았다. 이러한 부조리는 특히 농민들에게 큰 부담이 되었다. 더군다나 관리들이 환곡 창고를 사적으로 이용하거나 곡식을 빼돌리는 경우도 빈번하였다.
> 특히 18세기 들어 농민들은 환곡의 이자 부담 때문에 점점 더 고통받게 되었다. 수확이 좋지 않거나 흉년이 들면 빌린 곡식을 갚지 못하는 경우가 많았고, 이렇게 되면 빚이 쌓이는 악순환에 빠지곤 하였다. 환곡의 원래 목적은 백성들을 돕는 것이었으나, 점차 백성들에게 부담을 주는 제도로 변질되었다. 이러한 문제 때문에 환곡 제도는 조선 후기에 들어 비판의 대상이 되었다.
> 환곡 제도의 문제를 해결하기 위해 조선 말기에는 사창제(社倉制)를 도입했다. 사창제는 지방민이 스스로 조직하여 곡식을 관리하고 빌려주는 방식이었다. 사창은 환곡과 달리 지방민의 자율적인 운영이 가능하다는 장점이 있었다. 사창에서 발생한 이익은 지역 사회로 환원되었고, 관리의 부정행위를 줄이는 데 기여하였다.

문 18. 윗글에 대한 이해로 적절하지 않은 것은?
① 환곡은 백성들이 춘궁기에 곡식을 빌리고 수확 후에 갚는 제도였다.
② 환곡과 관련된 문제는 지방 관아의 아전들이 공정하게 행정 처리를 하지 않아서 생기게 되었다.
③ 환곡은 백성들을 보호하기 위해서 만들어진 제도였으나 오히려 백성을 수탈하는 제도로 변질되었다.
④ 환곡으로 인한 문제를 관리들에 대한 감찰 강화, 이익의 사회적 환원이라는 방법을 통해 해결하려 하였다.

문 19. 다음 밑줄 친 단어 중 ⑤의 의미로 쓰이지 않은 것은?
① 그는 돈이 생기자마자 빚부터 갚았다.
② 번번이 쌓이는 외상값을 도저히 갚을 수 없었다.
③ 그는 기일 내에 은행 빚을 겨우 갚을 수가 있었다.
④ 신세를 진 형님께 드디어 은혜를 갚을 수 있게 되었다.

문 20. 갑~병의 진술을 평가한 내용으로 적절한 것만을 <보기>에서 모두 고르면?

> 갑: 공직자 중 일부는 취미로 화초를 기른다.
> 을: 공직자 중 일부는 취미로 음반을 수집한다.
> 병: 취미로 음반을 수집하지 않는 공직자는 모두 취미로 화초를 기르지 않는다.

─── <보 기> ───
ㄱ. 갑과 을의 진술이 모두 참일 때 병의 진술은 반드시 참이다.
ㄴ. 갑과 병의 진술이 모두 참일 때 을의 진술은 반드시 참이다.
ㄷ. 을과 병의 진술이 모두 참일 때 갑의 진술은 반드시 참이다.

① ㄱ   ② ㄴ   ③ ㄱ, ㄴ   ④ ㄴ, ㄷ

신유형 봉투 모의고사 NEW

권규호 공무원 국어

정답과 해설

KWON LAB

모의고사 1회

1	②	2	③	3	④	4	③	5	①
6	①	7	②	8	④	9	③	10	③
11	③	12	②	13	④	14	①	15	①
16	③	17	④	18	④	19	④	20	②

1 | ②

해설 | '과반수'는 '절반이 넘는 수'를 뜻하므로, '과반수 이상'은 '과반수'의 '과(過, 지날 과)'와 '이상'의 의미가 중복된다. 그러나 이를 '과반수 넘는 환자는'으로 수정해도 '넘다'의 의미가 중복된다. 따라서 '중복되는 표현을 삼갈 것'이라는 원칙에 따라 이를 '과반수는'으로 수정해야 한다.

오답피하기 |

① 주어 '정부'는 위기 경보를 직접 조정하는 것이므로 능동으로 표현해야 한다. 따라서 '주어와 서술어를 호응시킬 것'이라는 원칙에 따라 이를 "위기 경보를 '심각 단계'로 조정하였으며"로 수정하는 것은 적절하다.

③ '철저(徹底)를 기(期)하다'는 한문 투 표현에 해당한다. 따라서 '어렵고 상투적인 한문 투 표현을 피할 것'이라는 원칙에 따라 이를 '감염 확산 방지를 철저히 해 주시기 바라며'로 수정하는 것은 적절하다.

④ '알리다'는 '~에/에게 ~을 알리다'의 문형으로 쓰인다. 따라서 '필요한 문장 성분이 생략되지 않도록 할 것'이라는 원칙에 따라 이를 '인사과에 이를 곧바로 알려 주시기 바랍니다'로 수정하는 것은 적절하다.

2 | ③

해설 | 제시문에 따르면 ⊙'연음 현상'은 받침을 옮겨 뒤 음절 초성으로 발음하는 것이다. '낳은[나은]'과 같이 'ㅎ' 뒤에 모음으로 시작하는 형식 형태소가 오면 원래는 연음이 일어나서 받침 'ㅎ'은 다음 음절의 초성으로 발음해야 하지만 실제로는 탈락한다. 따라서 '낳은[나은]'은 ⊙'연음 현상'의 사례에 포함되지 않는다.

오답피하기 |

① '꽃을[꼬츨]'은 홑받침 'ㅊ'을 옮겨 뒤 음절 초성으로 발음하였으므로 ⊙'연음 현상'의 사례에 포함된다.

② '닭이[달기]'는 겹받침의 뒤 자음 'ㄱ'을 옮겨 뒤 음절 초성으로 발음하였으므로 ⊙'연음 현상'의 사례에 포함된다.

④ '깎아[까까]'는 쌍받침 'ㄲ'을 옮겨 뒤 음절 초성으로 발음하였으므로 ⊙'연음 현상'의 사례에 포함된다.

3 | ④

해설 | ㉣의 앞 내용에 따르면 사회 방언은 때로 계급 방언이라고 부르기도 한다. 이때 '세대'보다는 '사회 계층'이 계급과 관련된 사회적 요인에 가깝다. 따라서 그중에서도 사회 계층이 가장 중요한 요인이라는 내용이 자연스럽다.

오답피하기 |

① ⊙의 앞 내용에 따르면 지역이 다름으로써 방언이 발생하는 경우가 있다. 따라서 지역이 다름으로 인해 형성된 방언을 지역 방언이라고 한다는 내용은 자연스럽다.

② ㉡이 포함된 문단은 지역 방언의 분화를 일으키는 요인에 대해 설명하고 있다. 따라서 두 지역의 언어는 점차 다른 모습으로 발전해 가리라는 내용은 자연스럽다.

③ ㉢의 앞 내용에 따르면 방언은 지역이 달라짐에 따라서만 형성되는 것은 아니다. 이는 지역이 같아도 다른 요인에 의해 방언이 형성될 수 있음을 내포한다. 따라서 동일한 지역 안에서도 몇 개의 방언이 있을 수 있는 것이라는 내용은 자연스럽다.

4 | ③

해설 | 1문단에 따르면 주동 인물은 작가가 긍정하는 주인공이다. 또한 2문단에 따르면 미하일 바흐친은 주인공은 계속 진화하고 발전하는 인물로 그려져야 한다고 보았다. 그러므로 바흐친에 따르면 주인공, 즉 주동 인물은 입체적 인물이어야 한다. 따라서 ⊙과 ㉢에는 '주동 인물'이나 '입체적 인물'이 들어가야 하고, ㉡에는 '반동 인물'이나 '평면적 인물'이 들어가야 한다. 이를 모두 충족하고 있는 것은 ③번이다.

5 | ①

해설 | 제시된 전제를 기호화하면 다음과 같다.
전제1. ~직무 전문성 → ~공무원 인재상 ≡ 공무원 인재상 → 직무 전문성
결론. 직무 전문성
전제1에 따라 결론의 '직무 전문성'이 도출되기 위해서는 '공무원 인재상'이 확정되어야 한다. 따라서 밑줄 친 결론을 이끌어 내기 위해 추가해야 할 것은 '갑은 공무원 인재상에 부합한다'이다.

오답피하기 |

② '갑은 탁월한 직무 전문성을 갖추지 않았다'는 '~직무 전문성'이다. 그러나 이를 추가하면 결론이 거짓이 된다.

③ '갑이 공무원 인재상에 부합한다면 직무 만족도가 높다'는 '공무원 인재상 → 직무 만족도'이다. 그러나 이를 추가해도 결론과는 관련이 없다.

④ '갑이 탁월한 직무 전문성을 갖추었다면 공무원 인재상에 부합한다'는 '직무 전문성 → 공무원 인재상'이다. 그러나 이를 추가해도 '직무 전문성'에 대해서는 확정할 수 없다.

6 | ①

해설 | 1문단에 따르면 정지용은 섬세한 자연 묘사와 인간 존재에 대한 성찰을 작품 속에 드러낸다. 그러나 자연과 인간 간의 단절을 묘사한다는 내용은 제시문에 나타나지 않는다. 「유리창」에는 이상과 현실의 단절이 나타날 뿐 자연과 인간 간의 단절은 나타나지 않는다.

오답피하기 |

② 1문단에 따르면 정지용은 종종 현실과 이상의 갈등을 시적으로 형상화하는데 「유리창」에서 이러한 면모를 살필 수 있다.

③ 2문단에 따르면 유리창은 단순히 물리적 경계를 넘어 삶의 고독과 단절된 인간관계를 상징하며, 시인의 내면에 있는 깊은 상실감을 드러낸다.

④ 1, 2문단에 따르면 정지용의 시에는 인간 존재에 대한 성찰이 어우러져 있다. 그의 작품 「유리창」에는 이러한 내용이 잘 드러난다.

7 | ②

해설 | 제시된 문장은 '이런 이집트'라는 지시어가 있으므로, 이 문장은 이집트에 대한 설명 이후에 들어가야 한다. 그리고 제시된 문장은 이집트에 그리스 사람들이 들어가 생명력을 불어넣었다고 설명하고 있으므로, 앞 문장은 이집트는 그리스 사람들의 영향이 있기 전에는 생명력이 없었다고 설명하거나, 이집트를 부정적으로 설명하고 있는 것이어야 한다. 이때, ⓒ 앞 문장은 유럽인들이 이집트가 지닌 지식을 쓸모없는 것으로 여겼다고 설명하고 있다. 따라서 ㉠~㉣ 중 제시된 문장이 들어가기에 가장 적절한 곳은 ⓒ이다.

8 | ④

해설 | ㉣은 'Ⅱ-2'의 '도서 한 권당 대출 인원의 제한'에 대응되어야 하므로, '동시 이용이 가능한 구독형 전자책 서비스의 도입'이 적절하다. '개별 맞춤형 책을 추천하는 북 큐레이션 서비스의 도입'은 이에 대응된다고 보기 어렵다.

오답피하기 |

① ㉠은 학교 도서관 이용 실태를 제시해야 하므로, 학생 설문 조사를 통해 학생 1인당 연간 대출 권수와 같은 구체적인 수치를 제시하는 것은 적절하다.
② ㉡의 하위 내용은 모두 학교 도서관 이용률 저조의 원인에 해당하므로, '학교 도서관 이용률 저조의 원인'으로 수정하는 것은 적절하다.
③ ㉢은 'Ⅱ-1'의 '특정 분야에 편중된 학교 도서관의 도서'에 대응되어야 하므로, '분야별로 다양한 도서 구입'으로 수정하는 것은 적절하다.

9 | ③

해설 | 2문단에 따르면 방어 기제는 무의식적 갈등에서 비롯된 불안을 해소하려는 시도로 작동한다. 따라서 방어 기제가 무의식적 갈등으로 인한 불안을 해결하기 위해 작동한다는 것은 적절하다.

오답피하기 |

① 1문단에 따르면 꿈이 억압된 욕망과 소망에 영향을 주는 것이 아니라, 욕망과 소망이 꿈에 영향을 주어 꿈을 통해 나타나는 것이다.
② 2문단에 따르면 프로이트는 억압된 기억과 욕망이 개인의 행동과 정신 상태에 어떻게 영향을 미치는지를 설명하였으며, 인간 행동에 영향을 미치지 않는다고 주장하지 않았다.
④ 2문단에 따르면 억압은 방어 기제의 한 예이다. 그러나 억압은 위협적인 기억을 의식에서 배제하려는 과정이지, 이를 무의식에서 제거하려는 과정은 아니다.

10 | ③

해설 | 로셀리니가 과도한 편집을 배제하려 했다는 내용은 2문단에 나타나 있지만, 서로 관련성이 없는 장면을 연결해 의미를 만들어 내려 했다는 내용은 제시문에 나타나지 않는다.

오답피하기 |

① 1문단에 따르면 쿨레쇼프는 편집을 통한 인위적인 개입을 통해 영화의 의미가 달라질 수 있다고 보았다.
② 2문단에 따르면 네오리얼리즘 감독 중 한 사람인 로셀리니는 현실 있는 그대로의 모습을 담기 위해 일상의 모습을 담아내고자 했다.
④ 3문단에 따르면 누벨바그 감독 중 한 사람인 장 뤽 고다르는 실험적 기법과 현실적 배경을 동시에 활용하여 현실의 본질을 포착하려 했다.

11 | ③

해설 | ㉠의 '살리다'는 '본래 가지고 있던 색깔이나 특징 따위를 그대로 유지하게 하거나 뚜렷이 나타나게 하다'라는 의미를 띤다. 문맥상 ㉠의 의미와 가장 가까운 것은 ③번의 '살리다'이다.

오답피하기 |

① '성질이나 기운 따위를 북돋우다'라는 의미를 띤다.
② '글이나 말, 또는 어떤 현상의 효력 따위가 현실과 관련되어 잃었던 생동성을 다시 갖게 하다'라는 의미를 띤다.
④ '약해진 불 따위를 다시 타게 하거나 비치게 하다'라는 의미를 띤다.

12 | ②

해설 | ㉡의 앞 내용에 따르면 화산재는 대기 중에 머무르는 동안 태양빛을 차단한다. 즉, ㉡에는 이 때문에 '기온을 낮추는' 효과를 가져온다는 내용이 들어가는 것이 적절하다. 따라서 ㉡을 '기온을 높이는'으로 수정하는 것은 적절하지 않다.

오답피하기 |

① '무거운 입자'로 이루어져 있는 화산재가 높은 고도로 퍼져 나간다는 것은 문맥상 어울리지 않는다. 따라서 이는 '가벼운 미세 입자'로 수정하는 것이 적절하다.
③ 농작물이 화산재에 뒤덮이면 햇빛이 도달하지 못한다. 따라서 이는 '광합성이 중단되어'로 수정하는 것이 적절하다.
④ 화산재가 지표면에 쌓이기 때문에 하천과 수로가 생긴다는 것은 상식적으로 납득하기 어렵다. 따라서 이는 '하천과 수로가 막히거나'로 수정하는 것이 적절하다.

13 | ④

해설 | 병은 두 번째 발화에서 분배 정책을 강화하는 것은 징벌적 제재라고 생각하며 옳지 않다고 보고 있다. 즉, 병은 분배 정책 강화가 사회 정의와는 거리가 멀다고 생각하고 있는 것이다.

오답피하기 |

① 갑은 두 번째 발화에서 경제적 측면보다는 사회 정의와 맞닿아 있는 윤리적 측면을 강조하고 있다.
② 을은 갑의 주장에 동조하지만 구체적인 해결책을 제시하고 있지는 않다. 다만 구체적인 해결책이 필요하다고 말할 뿐이다.
③ 병이 갑의 주장을 수용하고 있다고 볼 만한 내용은 제시문에 나타나지 않는다.

14 | ①

해설 | 제시된 전제를 기호화하면 다음과 같다.
(가) 스포츠 → 해외 축구 경기
(나) 청소년∧스포츠
(나)에서 (가)를 활용하여 '청소년∧해외 축구 경기'가 도출된다. 이를 말로 풀어 내면 '청소년 중 일부는 해외 축구 경기를 본다'이다.

오답피하기 |

② '해외 축구 경기를 보는 사람은 모두 청소년이다'는 '해외 축구 경기 → 청소년'이다.
③ '스포츠에 열광하지 않는 사람 중 일부는 청소년이다'는 '~스포츠∧청소년'이다.
④ '해외 축구 경기를 보지 않는 사람 중 일부는 스포츠에 열광한다'는 '~해외 축구 경기∧스포츠'이다.

15 | ①

해설 | ㉠'의미'는 인위적인 욕구 조작을 통해 만들어진 체계 속에서 가지게 된 것이다. 따라서 ㉠'의미'는 자율적인 존재로서의 의미가 아니라, 피동적이고 주체적이지 못한 것으로서의 의미로 이해하는 것이 적절하다.

오답피하기 |
② ㉡'욕구'는 개인이 자율적으로 표현한 욕구가 아니라, 자본주의 체계가 개인에게 가지도록 요구한 욕구를 의미한다. 따라서 ㉡'욕구'는 자율적인 표현과 대비되는 욕구로 볼 수 있다.
③ ㉢'재생산'과 소비는 자본주의에서 생산물로서의 의미를 지닌다. 따라서 ㉢'재생산'은 소비와 더불어 자본주의가 생산물에 의미를 부여하는 한 방식으로 볼 수 있다.
④ 소비 중심으로 ㉣'자본주의 사회'를 새롭게 이해하려는 의도를 지닌 관점에서 ㉣'자본주의 사회'는 인간을 소비의 유혹으로 지배하는 사회로 볼 수 있다.

16 | ③

해설 | 글쓴이는 현재 훈도의 수가 크게 부족하기 때문에 학교 행정에 있어서 문제가 발생했다고 주장하는 것이 아니다. 글쓴이는 2문단에서 훈도를 파견할 때에는 숫자를 채우는 것을 중시하지 말고, 교육의 성취, 즉 훈도의 능력을 중시해야 한다고 주장한다. 이를 통해 글쓴이가 훈도의 수가 부족하다고 생각하는 것은 아니라고 볼 수 있다. 따라서 ③번의 평가는 적절하지 않다.

오답피하기 |
① 글쓴이는 1문단에서 현재 훈도들이 능력이 떨어져 교육이 무엇인지도 모르기 때문에 폐단이 발생하는 것이라고 주장하고 있다. 따라서 엄격한 기준을 바탕으로 훈도들을 등용한 것이라면 글쓴이의 주장은 약화될 것이다.
② 글쓴이는 2문단에서 그 고을이나 가까운 고을에 사는 사람을 훈도로 등용해야 한다고 주장하고 있다. 따라서 학연이나 지연 등으로 인해 학교 행정의 폐단이 발생하는 것이라면 글쓴이의 주장은 약화될 것이다.
④ 글쓴이는 2문단에서 관리와 훈도 사이의 접점이 적을수록 좋다고 주장하고 있다. 따라서 관리와 훈도 사이의 유착 관계 때문에 공정한 교육이 이루어지지 않고 있다면 글쓴이의 주장은 강화될 것이다.

17 | ④

해설 | 2문단에 따르면 종결 어미 '-네'를 사용하면, 화자가 책상 위에 편지에 있다는 사실을 새롭게 알게 되었음을 표현할 수 있으며, '-네'와 유사한 기능을 하는 종결 어미로 '-구나'를 들 수 있다. 따라서 '-구나'는 '-네'와 같이 화자가 새롭게 알게 된 사실에 주목함을 나타내는 종결 어미로 사용된다.

오답피하기 |
① 1문단에 따르면 우리가 사용하는 말에는 전달하려는 내용뿐만 아니라 말하는 사람의 심리적 태도도 담겨 있다. 그러나 발화 시 화자의 심리적 태도보다 전달하려는 내용을 분명히 드러내야 한다고 보기는 어렵다.
② 2문단에 따르면 종결 어미는 실제 사실을 전달하는 것이 아니라 화자의 심리적 태도를 표현하는 것이다. 따라서 내용이 같아도 종결 어미에 따라 말하는 사람의 심리적 태도가 달리 표현된다.
③ 2문단에 따르면 화자는 종결 어미 '-지'를 사용하여 책상 위에 편지가 있다는 사실을 이미 알고 있었음을 표현할 수 있다. 반면 종결 어미 '-네'를 사용하면, 화자가 책상 위에 편지에 있다는 사실을 새롭게 알게 되었음을 표현할 수 있다. 따라서 종결 어미의 선택을 통해 화자가 발화 내용에 대해 이미 알고 있었는지 아닌지를 드러낼 수 있다.

18 | ④

해설 | 4문단에 따르면 환곡으로 인한 문제는 사창제를 통해 해결하려 하였다. 그러나 사창제는 관리들에 대한 감찰 강화와 관련된 내용을 포함하고 있지 않다.

오답피하기 |
① 1문단에 따르면 환곡은 농민들이 춘궁기에 곡식을 빌릴 수 있도록 하여 굶주림을 막고, 수확 후에 이를 갚도록 하였다.
② 2문단에 따르면 환곡과 관련된 문제는 지방 관아의 아전들이 자신들의 이익을 위해 고리대처럼 높은 이자를 붙이고, 환곡 창고를 사적으로 이용하거나 곡식을 빼돌리는 경우와 같이 공정하게 행정 처리를 하지 않아서 생기게 되었다.
③ 3문단에 따르면 환곡의 원래 목적은 백성들을 돕는 것이었으나, 점차 백성들에게 부담을 주는 제도로 변질되었다.

19 | ④

해설 | ㉠의 '갚다'는 '남에게 빌리거나 꾼 것을 도로 돌려주다'라는 의미를 띤다. ①, ②, ③번의 '갚다' 역시 이와 동일한 의미를 띠지만, ④번의 '갚다'는 '남에게 진 신세나 품게 된 원한 따위에 대하여 그에 상당하게 돌려주다'라는 의미를 띠므로 이와 다소 차이가 있다. 따라서 ㉠의 의미로 쓰이지 않은 것은 ④번의 '갚다'이다.

20 | ②

해설 | 제시된 조건을 기호화하면 다음과 같다.
갑: 공직자∧화초
을: 공직자∧음반
병: ~음반→~화초 ≡ 화초→음반
ㄱ. 갑의 '공직자∧화초'와 을의 '공직자∧음반'이 확정되어도, 병의 '~음반→~화초'가 도출되지는 않는다.
ㄴ. 갑의 '공직자∧화초'에서 병의 대우 '화초→음반'을 활용하여 을의 '공직자∧음반'이 도출된다.
ㄷ. 을의 '공직자∧음반'과 병의 '~음반→~화초'가 확정되어도, 갑의 '공직자∧화초'가 도출되지는 않는다.
따라서 갑~병의 진술을 평가한 내용으로 적절한 것은 'ㄴ'이다.

모의고사 2회

1	③	2	③	3	③	4	③	5	②
6	④	7	④	8	③	9	①	10	④
11	④	12	④	13	②	14	②	15	②
16	③	17	①	18	③	19	④	20	②

1 | ③

해설 | '확인되어지다'는 피동의 뜻을 나타내는 '-되다'와 '-어지다'가 결합한 이중 피동 표현이다. 그러나 이를 '확인하면'으로 수정하면 피동의 의미가 아닌 능동의 의미가 된다. 따라서 '이중 피동 표현을 사용하지 않을 것'이라는 원칙에 따라 이를 '확인되면'으로 수정해야 한다.

오답피하기 |

① 주어 'ㅇㅇㅇㅇ위원회'는 일괄 서비스를 직접 제공하는 것이므로 능동으로 표현해야 한다. 따라서 '주어와 서술어를 호응시킬 것'이라는 원칙에 따라 이를 '일괄 서비스를 제공한다'로 수정하는 것은 적절하다.

② '제출하다'는 '~을 ~에/에게 제출하다'의 문형으로 쓰인다. 따라서 '필요한 문장 성분이 생략되지 않도록 할 것'이라는 원칙에 따라 이를 '주민자치센터에서 발급받은 증명 서류를 이동통신사 대리점에 제출해야 하고'로 수정하는 것은 적절하다.

④ '완료하다'는 '완전히 끝마치다'를 뜻하므로, '완전히 완료하다'는 '완전히'의 의미가 중복된다. 따라서 '중복되는 표현을 삼갈 것'이라는 원칙에 따라 이를 '완료할 수 있다'로 수정하는 것은 적절하다.

2 | ③

해설 | 언어가 관념적인 실체를 포착할 수 있는 수단은 맞지만 그것이 유일한 것이라고 보기는 어렵다. 3문단의 '관념적인 실체를 설명하는 데에는, 언어적 형상 외에는 표현할 방법이 그리 많지 않다'라는 구절에서 언어 외에도 관념적인 실체를 설명하는 수단이 있음을 추론할 수 있기 때문이다.

오답피하기 |

①, ② 2문단에 따르면 인간은 언어를 통해 자신의 존재를 확인하고, 대화 또는 소통이라는 구즈 속에 자리 잡을 수 있다. 즉, 인간은 언어를 통하여 자기 존재를 표현하고 소통하며 자신의 존재를 확인한다고 이해할 수 있다.

④ 3문단에 따르면 인간은 일상적 시야의 저편에 있어서 눈으로 확인할 수 없는 사물의 관념적 실체를 언어를 통해 확인할 수 있다.

3 | ③

해설 | 2문단에 따르면 '작다'와 '적다'의 경우에는 두 단어가 부분적으로 동질성을 가지지만, 각각의 대립어는 '크다'와 '많다'로 다르게 나타난다. 따라서 두 단어가 부분적으로 동질성을 가지더라도 각각의 대립어는 다를 수 있다.

오답피하기 |

① 2문단에 따르면 교체 검증을 통해 두 단어 사이의 유의 관계를 살펴볼 수 있지만, 대립 검증의 방법을 통해서도 이를 살펴볼 수 있다. 그러나 대립 검증이 교체 검증에 비해 유의 관계를 살펴보는 데 더 효율적이라고 보기는 어렵다.

② 2문단에 따르면 만일 대립어가 동일하게 나타날 경우 두 단어 사이의 의미의 연관성이 매우 크다는 뜻이므로 두 단어는 유의어 관계에 있다고 볼 수 있다. 따라서 대립어가 동일하게 나타나면 두 단어는 유의어 관계가 성립한다.

④ 3문단에 따르면 '불그레하다'와 '붉다' 사이에 존재하는 어떤 색이 아직 명칭을 갖지 못한 경우 혹자는 '불그레하다'로, 혹자는 '붉다'로도 쓸 수 있다. 따라서 '불그레하다'와 '붉다'의 경우 두 말 사이에 의미의 동질성이 확인된다.

4 | ③

해설 | ⓒ의 앞 내용에 따르면 문장의 형태와 그것이 가지고 있는 발화 의도가 일치할 경우를 직접 화행이라 한다. 따라서 평서문의 일반적 발화 의도인 진술의 의도로 말한다면, 이 문장은 발화 의도와 문장의 형태가 일치하지 않는 간접 화행이 아니라, 발화 의도와 문장의 형태가 일치하는 직접 화행에 해당한다는 내용이 자연스럽다.

오답피하기 |

① ㉠의 앞 내용에 따르면 사람들은 단어와 문법 구조를 지닌 문장을 발화할 뿐만 아니라 그 문장을 통하여 행동을 하게 된다. 이때 "거기에 6시까지 갈게."의 '-ㄹ게'는 어떤 행동에 대한 약속이나 의지를 나타낸다. 따라서 이것은 단순한 발화가 아니라 '약속'이라는 실제적인 수행력을 갖는 행동을 유발한다는 내용은 자연스럽다.

② ㉡의 앞 내용에 따르면 기본적인 문장의 형태를 평서문, 의문문, 명령문이라고 할 때 이 문장 유형들의 일반적인 발화 의도는 각각 진술, 질문, 명령 또는 요청이라고 할 수 있다. 따라서 문장의 형태와 그것이 가지고 있는 발화 의도가 일치할 경우를 직접 화행이라 한다는 내용은 자연스럽다.

④ ㉢의 앞 내용에 따르면 "내일은 내 생일이니까 선물 꼭 사 와라."라는 의미라면, "내일은 내 생일이야."라는 문장은 간접 화행이 된다. 이때 "내일은 내 생일이니까 선물 꼭 사 와라."보다는 "내일은 내 생일이야."라고 말하는 것이 완곡하게 느껴진다. 따라서 일반적으로 간접 화행은 직접 화행보다 부드럽고 공손한 표현으로 받아들이는 경우가 많다는 내용은 자연스럽다.

5 | ②

해설 | 제시된 전제를 기호화하면 다음과 같다.

(가) 노래 → 대중가요
(나) 노래 ∧ 춤

(나)에서 (가)를 활용하여 '대중가요 ∧ 춤'이 도출된다. 이는 교환 법칙에 따라 '춤 ∧ 대중가요'로 변환할 수 있다. 이를 말로 풀어 내면 '춤을 배우는 어떤 사람은 대중가요를 즐겨 듣는다'이다.

오답피하기 |

① '춤을 배우는 사람은 모두 대중가요를 즐겨 듣는다'는 '춤 → 대중가요'이다.

③ '대중가요를 즐겨 듣는 사람은 모두 노래를 잘 부른다'는 '대중가요 → 노래'이다.

④ '대중가요를 즐겨 듣는 사람 중 일부는 춤을 배우지 않는다'는 '대중가요 ∧ ~춤'이다.

6 | ④

해설 | 3문단에 따르면 「진달래꽃」의 마지막 연에서 '죽어도 아니 눈물 흘리우리다'라고 하는 것은 이별의 고통을 극복하고자 하는 강한 의지의 표현이다. 그러나 해당 표현이 이별의 원인을 밝히고 있다는 것은 적절하지 않다.

오답피하기 |
① 3문단에 따르면 「진달래꽃」은 이별의 상황에서 느끼는 한과 슬픔을 표현하고 있다. 다만 이를 직접적으로 표출하는 것은 아니다.
② 3문단에 따르면 '영변에 약산'과 '진달래꽃'은 이별의 정서를 아름다운 자연물로 승화시키는 역할을 한다.
③ 2문단에 따르면 '역겨워'라는 표현은 이별의 원인이 자신에게 있음을 암시한다. 즉, 화자는 이별을 자책하고 있는 것이다.

7 | ④

해설 | ㉠에는 'Ⅱ-1-나'의 '디지털 탄소 발자국을 줄이기 위한 정부의 지침 부재'에 대응되는 내용이 들어가야 한다. 따라서 ㉠에 들어갈 내용으로 가장 적절한 것은 '디지털 탄소 발자국을 줄이기 위한 정부의 세부 지침 마련 및 시행'이다.

오답피하기 |
① ㉠에는 'Ⅱ-1-나'의 '디지털 탄소 발자국을 줄이기 위한 정부의 지침 부재'에 대응되는 내용이 들어가야 한다. 따라서 '디지털 탄소 발자국을 줄이기 위한 정부의 독자적인 노력'은 이에 대응되지 않으므로 ㉠에 들어갈 내용으로 적절하지 않다.
②, ③ ㉠에는 'Ⅱ-1-나'의 '디지털 탄소 발자국을 줄이기 위한 정부의 지침 부재'에 대응되는 정부 차원의 해결 방안이 들어가야 한다. 따라서 환경 단체나 기업 차원의 해결 방안은 ㉠에 들어갈 내용으로 적절하지 않다.

8 | ③

해설 | ㉠ 앞뒤 문장은 인격에 대한 정의를 제시하고, 인격으로 인해 자신이나 주변에 피해를 주고 사회적 문제를 일으키는 경우가 있다고 말하고 있다. 따라서 ㉠에는 내용 전환의 접속어인 '그런데'가 들어가야 한다. 그리고 ㉡ 앞뒤 문장은 우울증이나 불안 장애가 있는 사람은 자신의 증상을 '본질적 나'와 다르다고 인식하여 괴로워하지만, 인격 장애의 경우 인격 차원에서 문제가 되는 부분은 자신을 구성하는 일부이기에 불편하게 여기지 않는다고 말하고 있다. 따라서 ㉡에는 역접의 접속어인 '하지만', '그러나'가 들어가야 한다. 그리고 ㉢ 뒤 문장은 인격 장애의 경우 인격 차원에서 문제가 되는 부분을 불편하게 여기지 않는다고 한 내용을 정리하고 있다. 따라서 ㉢에는 앞의 내용을 부연하는 접속어인 '곧', '즉'이 들어가야 한다. 마지막으로 ㉣ 앞뒤 문장은 서양에서는 불안증이나 우울증을 '신발 속의 자갈'로 비유하지만, 인격 장애는 '입안의 마늘'로 비유한다고 말하고 있다. 따라서 ㉣에는 '반면'이 들어가야 한다. 이를 종합하면 ㉠~㉣에 들어갈 말로 가장 적절한 것은 ③번이다.

9 | ①

해설 | 제시문에 따르면 갈릴레오는 목성을 관찰하던 중 이전에는 알려지지 않았던 4개의 작은 위성을 처음으로 발견했으며, ㉠을 발견함으로써 모든 천체가 지구 주위를 돈다는 기존 개념의 모순을 파악할 수 있었다고 한다. 따라서 ㉠은 모든 천체가 지구 주위를 돈다는 말이 틀렸음을 보여 주는 내용이 들어가야 한다. ①번은 작은 위성이 지구를 중심으로 도는 것이 아니라 목성을 중심으로 돈다는 의미를 함축하고 있으므로 ㉠에 들어갈 말로 가장 적절하다.

10 | ④

해설 | 제시문에 따르면 양심은 사람들의 사회적 지위, 그가 받은 교육 등에 의해 형성되는 것이다. 따라서 사회적 지위가 다른 두 사람이 같은 행위에 대해 느끼는 양심의 감정은 다를 수 있다.

오답피하기 |
① 제시문에 따르면 양심은 그 자체가 인간에게 불변하는 것으로서 부여된 것도 아니고, 사람들의 사회적 지위, 그가 받은 교육 등에 의해 형성되는 것이다. 따라서 개개인의 선천적 특징은 양심의 형성에 중요한 영향을 미칠 것이라고 보기 어렵다.
② 제시문에 따르면 양심은 사람들의 사회적 지위, 그가 받은 교육 등에 의해 형성되는 것이다. 따라서 개인의 양심은 사회화나 훈육을 통해 인위적으로 형성될 수 없다고 보기 어렵다.
③ 제시문에 따르면 양심은 인간이 사회에서 자신의 행위에 대하여 도덕적인 책임을 생각하는 감정상의 느낌을 말한다. 따라서 양심이 이성적 사고에서 비롯된 것이라고 보기 어렵다.

11 | ④

해설 | 대화가 진행되면서 논점에 대한 찬반 입장이 바뀌는 사람은 없다. 을의 경우만 하더라도 첫 번째 발화에서 상법 개정에 대해 찬성의 입장을 보이고 있으며, 두 번째 발화 역시 절충적 관점에서 상법 개정에 접근하고 있지만 결국 상법 개정을 하는 것에는 찬성하고 있다.

오답피하기 |
① 병은 첫 번째 발화에서 상법 개정이 가져올 부작용에 대해서 우려하고 있다.
② 을은 첫 번째 발화에서 '집중 투표제 의무화, 감사 위원 분리 선출 확대' 등의 구체적인 방안을 제시하고 있다.
③ 을은 두 번째 발화에서 상법 개정을 주장하는 갑의 입장과 기업 경쟁력을 중시하는 병의 입장을 절충하고 있다.

12 | ④

해설 | 2문단에 따르면 세상을 이끄는 역할을 하는 것은 과학이지 문학이 아니다. 따라서 '과학과 문학 모두 세상을 이끄는 역할을 한다'라고 말하는 ④번의 언급은 적절하지 않다.

오답피하기 |
① 2문단에 따르면 문학의 세심한 관찰은 사물의 본질을 이해하는 데 중요한 역할을 한다.
② 2문단에 따르면 시인은 일상에서 흔히 지나치는 것들에서 새로운 의미를 포착한다.
③ 1문단에 따르면 과학은 객관적 현상에 집중하며, 현상을 도출하는 자연의 법칙을 밝히고자 한다.

13 | ②

해설 | 현상에 숨겨진 뜻을 밝히는 것은 과학이 아니라 문학이다. 따라서 '현상에 숨겨진 뜻을 밝히는'은 ②번의 ㉠에 들어가기에 적절하지 않으므로 정답이 된다.

오답피하기 |
① 과학은 세상의 작동 원리인 자연의 법칙을 밝히는 데 초점을 맞추지만, 문학은 인간의 내면을 탐구하는 데 주력한다.

③ 과학은 객관적 사실과 그 법칙을 밝히는 데 초점을 맞추지만, 문학은 일상에 숨겨진 새로운, 즉 낯선 의미를 파악하는 데 주력한다.
④ 과학은 세상을 이끄는, 즉 전보다 더 발전시키는 데 초점을 맞추지만, 문학은 우리의 삶을 풍요롭게 만드는 데 주력한다.

14 | ②

해설 | 제시된 전제를 기호화하면 다음과 같다.
전제1. 나라
전제2. ~대한∨~민국 → ~만세
결론. ~만세
결론의 '~만세'가 도출되기 위해서는 전제2의 '~대한∨~민국'이 확정되어야 한다. ㄷ의 '대한과 민국이 신입 사원으로 채용되면 나라는 채용되지 않는다'는 '대한∧민국 → ~나라'이고, 대우는 '나라 → ~대한∨~민국'이다. 전제1에 따라 '나라'가 확정되었으므로, 이를 추가하면 '~대한∨~민국'이 확정된다. 따라서 결론을 이끌어 내기 위해 추가해야 할 전제는 ㄷ이다.

오답피하기 |
ㄱ. '우리는 신입 사원으로 채용되지 않는다'는 '~우리'이다. 이를 추가해도 결론의 '~만세'는 도출되지 않는다.
ㄴ. '우리가 신입 사원으로 채용되지 않거나 대한과 민국이 채용된다'는 '~우리∨(대한∧민국)'이다. 이를 추가해도 결론의 '~만세'는 도출되지 않는다.

15 | ②

해설 | 글쓴이는 1문단에서 소비 지출, 투자 지출, 정부 지출이 총수요의 주요한 요소들인데, 그중에서 가장 큰 비중을 차지하는 것은 소비 지출이라고 말한다. 따라서 불황기에 국가가 개입해 소비를 증진시켰더니 총수요가 늘어났다면 글쓴이의 주장은 약화되지 않고, 강화될 것이다. 그런데 ②번은 이와는 반대로 언급하고 있으므로 적절하지 않다.

오답피하기 |
① 글쓴이는 3문단에서 장기적인 저축률 향상은 경제의 성장을 이끈다고 말한다. 따라서 10년간 저축률 향상이 이루어진 국가의 경제 성장률 상승이 저조하다면 글쓴이의 주장은 약화될 것이다.
③ 글쓴이는 1문단에서 소비, 투자, 정부 지출 중에서 가장 큰 비중을 차지하는 것은 소비 지출이라고 말한다. 따라서 소비와 투자, 정부로 인한 지출 중 소비로 인한 지출이 가장 크다면 글쓴이의 주장은 강화될 것이다.
④ 글쓴이는 3문단에서 경제가 성장해 나가려면 우선 자본이 계속 축적되어야 한다고 말한다. 따라서 기업의 자본 축적이 기술 발전으로 이어져 궁극적으로 대외 경쟁력이 강화되었다면 글쓴이의 주장은 강화될 것이다.

16 | ③

해설 | ㉠의 '나오다'는 '어떠한 근원에서 발생하다'라는 의미를 띤다. ㉠의 문맥적 의미와 가장 유사한 것은 ③번의 '나오다'이다.
오답피하기 |
① '상품이 시장에 나타나다'라는 의미를 띤다.
② '일정한 목적으로 어떠한 곳에 오다'라는 의미를 띤다.
④ '액체나 기체 따위가 밖으로 흐르다'라는 의미를 띤다.

17 | ①

해설 | 제시된 조건을 기호화하면 다음과 같다.
조건1. 김 주무관∨이 주무관
조건2. 김 주무관∨박 주무관
조건3. 최 주무관 → 박 주무관
제시된 조건만으로는 확정되는 것이 없으므로 선택지를 살펴보아야 한다.
① '김 주무관'이 야근을 하지 않으면, 조건1의 선언지 제거에 따라 '이 주무관'은 야근을 하고, 조건2의 선언지 제거에 따라 '박 주무관'도 야근을 한다. 따라서 반드시 참인 것은 '김 주무관이 야근을 하지 않으면, 네 사람 중 적어도 두 사람이 야근을 한다'이다.
② '최 주무관'이 야근을 하지 않아도, '박 주무관'이 야근을 하지 않는지는 확정할 수 없다.
③ '김 주무관'이 야근을 하여도, '이 주무관'이 야근을 하지 않는지는 확정할 수 없다.
④ '최 주무관'이 야근을 하여도, '김 주무관'이 야근을 하는지는 확정할 수 없다.

18 | ③

해설 | 표현주의자들은 사람들이 겪는 고통이나 가난, 폭력 등의 비참한 현실을 직시하고 이를 표현하는 것을 중시하였다. 이는 작가가 현실을 외면하지 않고, 현실과 상호 작용하면서 예술을 통해 현실에 대한 감정을 표출하는 것이다. 따라서 예술은 작가와 현실과의 상호 작용이라는 주장이 받아들여진다면 표현주의자들의 주장은 강화될 것이다.

오답피하기 |
① 표현주의자들은 자아의 내면을 표현하고자 했다. 따라서 예술은 자아의 반영이라는 주장이 받아들여진다면 표현주의자들의 주장은 강화될 것이다.
② 표현주의자들은 인간의 내면으로부터 우러나오는 감정을 표현하고자 했다. 따라서 예술은 한 인간의 진솔한 고백이라는 주장이 받아들여진다면 표현주의자들의 주장은 강화될 것이다.
④ 표현주의자들은 개인의 내면을 표현하는 것을 중시한다. 따라서 예술은 개인을 초월하는 의지의 반영이라는 주장은 표현주의자들의 생각과 일치하지 않는다. 이 주장이 받아들여진다면 적어도 표현주의자들의 주장이 강화되진 않을 것이다.

19 | ④

해설 | ㉠, ㉡, ㉢은 표현주의자들이 반영하지 말아야 할 외부 세계를 의미한다. 그러나 ㉣은 표현주의자들이 반영해야 할 현실을 의미한다. 따라서 ㉠~㉣ 중 문맥적 의미가 이질적인 것은 ㉣이다.

20 | ②

해설 | 1, 2문단에 따르면 주체 높임법은 행위의 주체, 즉 주어를 대상으로 하는 높임법이며, 주로 서술어에 선어말 어미 '-(으)시-'가 붙어 실현된다. 이때, 부수적으로 주격 조사 '이/가' 대신 '께서'가 쓰이기도 한다는 것은 '께서'가 쓰이지 않을 수도 있다는 것을 내포한다. 따라서 "어머니는 지혜로운 분이시다."에서는 주체 높임 선어말 어미 '-시-'를 통해 주어 '어머니'를 높인다.

오답피하기 |
① 1문단에 따르면 객체 높임법은 행위가 미치는 쪽을 대상으로 하는 높임법이다. 이때, 목적어와 부사어는 행위가 미치는 쪽에 해당한다. 따라서 객체 높임법은 문장의 목적어나 부사어를 대상으로 한다고 추론할 수 있다.
③ 2문단에 따르면 객체 높임법에서는 주로 '모시다'와 같은 특수 어휘를 쓴다. 이때, "부모님께 용돈을 드리다."와 같이 '드리다' 역시 객체 '부모님'을 높일 수 있다. 따라서 '드리다'는 객체 높임법을 실현하는 객체 높임 특수 어휘라고 추론할 수 있다.
④ 2문단에 따르면 주체 높임법은 주로 서술어에 선어말 어미 '-(으)시-'가 붙어 실현되나, 부수적으로 주격 조사 '이/가' 대신 '께서'가 쓰이기도 하며, 상대 높임법은 종결 표현으로 실현된다. 이때, "할아버지께서 집에 다녀가셨어."는 조사 '께서'와 선어말 어미 '-시-'를 통해 주체 '할아버지'를 높이고, '해체'인 종결 어미 '-어'를 통해 상대를 높이지 않는다. 따라서 높임법의 존대를 [+]로 비존대를 [-]로 나타낸다면, "할아버지께서 집에 다녀가셨어."는 [주체+], [상대-]로 표시한다고 추론할 수 있다.

모의고사 3회

1	③	2	④	3	②	4	③	5	③
6	②	7	④	8	②	9	①	10	③
11	①	12	②	13	③	14	③	15	③
16	④	17	④	18	②	19	④	20	①

1 | ③

해설 | 불필요한 피동 표현인 '-되다'를 피하고 으리말다운 문장을 써야 한다. 그러나 이를 '대비가 요구됩니다'로 수정하면 불필요한 피동 표현이 된다. 따라서 '불필요한 피동 표현을 쓰지 않을 것'이라는 원칙에 따라 이를 수정하지 않고 그대로 두어야 한다.

오답피하기 |
① '유포되다'는 '세상에 널리 퍼지다'를 뜻하므로, '악성 전자 우편이 퍼져 유포되고 있어'는 '퍼지다'의 의미가 중복된다. 따라서 '중복되는 표현을 삼갈 것'이라는 원칙에 따라 이를 '악성 전자 우편이 유포되고 있어'로 수정하는 것은 적절하다.
② 명사만 나열한 문장은 의미를 파악하기 어려우므로, 조사와 어미를 활용하여 우리말다운 문장으로 써야 한다. 따라서 '조사, 어미 등을 지나치게 생략하지 않을 것'이라는 원칙에 따라 이를 '대형 포털에 해당 전자 우편을 차단 요청하거나 경찰에 수사를 요청하는 등'으로 수정하는 것은 적절하다.
④ '마땅히'는 '~해야 한다' 구조의 서술어와 호응하므로, 해당 문맥에는 '어떠한 경우에도 반드시'를 뜻하는 '절대로'를 써야 한다. 따라서 '부사어와 서술어를 호응시킬 것'이라는 원칙에 따라 이를 '절대로'로 수정하는 것은 적절하다.

2 | ④

해설 | 제시문에 따르면 ㉠'이어 적기'는 받침이 있는 체언이나 받침이 있는 용언 어간에 모음으로 시작하는 조사나 어미가 붙을 때 소리 나는 대로 이어 적는 표기를 말한다. '사룸이어니'는 '사룸+이어니'로 분석할 수 있으며, 종성 'ㅁ'을 다음 음절 초성에 이어 적지 않았으므로 ㉠'이어 적기'의 사례가 포함되어 있지 않다.

오답피하기 |
① '말쏘미'는 '말쏨+이'로 분석할 수 있으며, 종성 'ㅁ'을 다음 음절 초성에 이어 적은 것이므로 ㉠'이어 적기'의 사례가 포함되어 있다.
② '기픈'은 '깊-+-은'으로 분석할 수 있으며, 종성 'ㅍ'을 다음 음절 초성에 이어 적은 것이므로 ㉠'이어 적기'의 사례가 포함되어 있다.
③ '뿌메'는 '뿜+에'로 분석할 수 있으며, 종성 'ㅁ'을 다음 음절 초성에 이어 적은 것이므로 ㉠'이어 적기'의 사례가 포함되어 있다.

3 | ②

해설 | 2문단에 따르면 그 형태는 다를지라도 의미가 같고 분포하는 자리가 같을 때 동일한 형태소로 본다. 따라서 형태가 같은 경우에는 그 의미가 다르더라도 동일한 형태소로 보아야 하는 것이 아니라, 형태가 다른 경우에도 그 의미가 같으면 동일한 형태소로 볼 수 있는 것이다.

오답피하기 |
① 1문단에 따르면 '사람'은 '사'와 '람'으로 떼어서 말하면 '사람[人]'의 의미가 없어질 뿐 아니라 아무런 의미도 갖지 못하며, 이를 형태소라고 한다. 따라서 '나물'은 '나'와 '물'로 나누면 '나물'의 의미가 없어지는 하나의 형태소라고 추론할 수 있다.
③ 2문단에 따르면 주격 조사 '이'와 '가'처럼 그 형태는 다를지라도 의미가 같고 분포하는 자리가 같을 때 이형태라고 부른다. 따라서 목적격 조사 '을'과 '를'은 의미가 같고 분포하는 자리가 같으므로 이형태에 해당한다고 추론할 수 있다.
④ 3문단에 따르면 형태는 같지 않으나 분포와 의미가 서로 같은 형태가 있을 때, 그 형태들을 서로 다른 형태소에 포함하는 것보다 한 형태소에 포함하는 것이 문법 기술에서 더욱 효율적이다. 따라서 이형태를 각각 다른 형태소로 본다면, 한 형태소로 볼 때보다 문법 기술적 측면에서 오히려 효율성이 떨어진다고 추론할 수 있다.

4 | ③

해설 | 제시문에 따르면 패러독스는 겉으로 보기에는 보편적 지식에 어긋나는 것처럼 보이지만, 한참 따져 보면 참을 뜻하는 표현이다. ①, ②, ④번에는 이런 역설이 나타나 있지만, ③번에는 보편적 지식에 어긋난다고 할 만한 표현이 나타나지 않는다.

5 | ③

해설 | 제시된 조건을 기호화하면 다음과 같다.
조건1. ~(갑∨병)→을 ≡ ~갑∧~병→을
조건2. ~갑→정
조건3. ~병→~갑
조건4. ~(~무→병) ≡ ~무, ~병
조건4에 따라 '~무', '~병'이 확정된다. '~병'이 확정되므로, 조건3에 따라 '~갑'도 확정된다. '~갑'이 확정되므로, 조건2에 따라 '정'이 확정된다. '~갑', '~병'이 확정되므로, 조건1에 따라 '을'이 확정된다. 확정된 것을 정리하면 '~갑, 을, ~병, 정, ~무'이다. 따라서 반드시 참인 것은 '을과 정 모두 면접관으로 선발된다'이다.

오답피하기 |
① 조건4에 따라 '병'은 면접관으로 선발되지 않고, 조건3에 따라 '갑'도 선발되지 않는다.
② 조건4에 따라 '병'이 면접관으로 선발되지 않고, 조건3에 따라 '갑'이 선발되지 않으므로, 조건2에 따라 '정'도 선발된다.
④ 조건4에 따라 '병'도 면접관으로 선발되지 않고, 조건3에 따라 '갑'도 선발되지 않는다.

6 | ②

해설 | 4문단에 따르면 시인은 현재의 어려운 상황 속에서도 희망의 씨앗을 뿌리겠다는 미래 지향적인 의지를 드러낸다. 따라서 이육사의 「광야」에는 힘겨운 현실에도 미래 지향적인 작가의 태도가 부각된다.

오답피하기 |
① 2문단에 따르면 「광야」에는 자연의 광활하고 신비로운 모습이 나타난다. 그러나 자연과 인간 간의 치열한 갈등이 묘사된다는 내용은 제시문에 나타나지 않는다.
③ 4문단에 따르면 「광야」에는 현재의 어려운 상황이 부각되기는 한다. 그러나 위기와 고통 속에서 절망하는 시인의 아픔이 드러난다는 내용은 제시문에 나타나지 않는다.

④ 2문단에 따르면 「광야」에는 자연의 광활한 모습은 나타난다. 그러나 그것이 계절의 변화를 바탕으로 제시된다는 내용은 제시문에 나타나지 않는다.

7 | ④

해설 | 제시문은 태풍의 눈을 둘러싼 눈벽의 강한 상승 기류와 폭풍우에 대해서 설명한다. 따라서 그다음에는 수증기가 상승 기류를 더욱 강화시켜 태풍의 세력이 커진다는 (나)가 오는 것이 적절하다. 그다음에는 (라)로 이어져 태풍이 점차 약해진다는 내용이 나온 후, (가)로 이어져 태풍이 더 빨리 약해질 수 있다는 상황을 말한 후, 마지막으로 (다)를 통해 전체 내용을 정리하는 흐름으로 이어지는 것이 자연스럽다. 따라서 (가)~(라)의 순서로 가장 적절한 것은 (나)-(라)-(가)-(다)이다.

8 | ②

해설 | 〈보기〉의 항목 중, 전기 에너지가 낭비되는 원인이 될 수 있는 것으로는 '무분별한 전기 에너지 사용 습관'과 '전기 에너지 절약 방법에 대한 인식 부족'을 들 수 있다. 그리고 전기 에너지가 낭비됨에 따라 더 많은 전기 에너지를 생산하기 위해 '전기 에너지의 원료가 되는 자원 낭비'가 이루어지고, 그 과정에서 '환경 오염'을 불러일으키는 등의 문제가 발생할 수 있다. 따라서 '1. 전기 에너지 낭비의 원인'으로 ⓒ, ⓒ을, '2. 전기 에너지 낭비의 문제점'으로 ㉠, ㉢을 들 수 있다.

9 | ①

해설 | 제시문에 따르면 존 스노우는 감염자 주소를 지도에 표시하고 급수원의 위치를 추적함으로써, 특정 브로드 스트리트 펌프에서 공급되는 물을 마신 사람들에게 콜레라가 집중 발생했다는 점을 발견했다. 즉, 스노우에 의해 콜레라의 전염이 오염된 물을 통해 이루어진다는 근거가 밝혀진 것이다. 따라서 ㉠에 들어갈 말로 가장 적절한 것은 ①번이다.

10 | ③

해설 | 제시문은 칼라하리 사막에 살고 있는 원시 유목 민족의 삶을 소개하고 있다. 그들은 무언가를 저장하지 않고, 아낌없이 낭비한다. 자연이 항상 풍요로움을 선사할 것을 믿고, 미래를 걱정하지 않는 것이다. 즉, 그들은 잉여물에 집착하지 않고 현재에 집중하는 삶을 살고 있다고 볼 수 있으며, 이러한 삶에서 교훈을 얻을 수 있다.

오답피하기 |
① 칼라하리 사막에 살고 있는 원시 유목 민족은 미래를 대비하는 삶을 살고 있지 않다. 따라서 이들의 삶으로부터 눈앞만 바라보지 말고 미래를 대비해야 한다는 교훈을 얻을 수 없다.
② 칼라하리 사막에 살고 있는 원시 유목 민족은 분명 절대적 빈곤의 상태이긴 하지만 오히려 행복을 느끼고 있다. 따라서 이들의 삶으로부터 절대적 빈곤은 오직 내면에만 존재하는 것이라는 교훈을 얻을 수 없다.
④ 칼라하리 사막에 살고 있는 원시 유목 민족의 삶은 기술의 발전과 무관하다. 따라서 이들의 삶으로부터 진정한 풍요로움을 누리기 위해서는 기술의 발전이 필요하다는 교훈을 얻을 수 없다.

11 | ①

해설 | 제시된 전제를 기호화하면 다음과 같다.
(가) 인구 밀집 지역 ∧ 주차난
(나) 인구 밀집 지역 → 대중교통
(가)에서 (나)를 활용하여 '대중교통 ∧ 주차난'이 도출된다. 이는 교환 법칙에 따라 '주차난 ∧ 대중교통'으로 변환할 수 있다. 이를 말로 풀어내면 '주차난을 겪는 어떤 사람은 대중교통을 자주 이용한다'이다.

오답피하기 |
② '인구 밀집 지역에 거주하는 사람은 모두 주차난을 겪는다'는 '인구 밀집 지역 → 주차난'이다.
③ '대중교통을 자주 이용하는 사람 중 일부는 주차난을 겪지 않는다'는 '대중교통 ∧ ~주차난'이다.
④ '대중교통을 자주 이용하는 사람은 모두 인구 밀집 지역에 거주한다'는 '대중교통 → 인구 밀집 지역'이다.

12 | ②

해설 | 1문단에 따르면 과거 제도는 관리를 선발하기 위한 것이기 때문에 수험생들은 관리가 되기 위해서 과거를 치렀을 것이라고 추론할 수 있다. 그러나 복시에 합격한 사람 중에는 전시에 합격한 사람도 있기 때문에 복시에 합격한 사람은 관리가 될 수 없었다는 ②번의 추론은 적절하지 않다.

오답피하기 |
① 4문단에 따르면 부정행위를 막기 위해 정부는 여러 대책을 내놓았다. 이런 노력에도 불구하고 과거 부정은 쉽게 근절되지 않았고, 조선 후기까지 계속되었다.
③ 3문단에 따르면 부정행위로 인해 실력 없는 사람들이 관직에 오르는 경우가 많아져 국정 운영에 악영향을 미쳤다. 따라서 부정행위로 인한 문제는 사회적인 문제로까지 확대되었다고 추론할 수 있다.
④ 2문단에 따르면 수험생 간 답안지를 바꿔치기하는 부정을 방지하기 위해 정부는 답안지에 수험생의 이름을 쓰게 했지만, 이 때문에 채점관이 특정 수험생에게 유리하게 채점하는 부정을 저지를 수 있게 되었다.

13 | ③

해설 | ㉠의 '부정'은 '올바르지 아니하거나 옳지 못함'이라는 의미를 띤다. ㉠의 의미로 사용된 것은 ③번의 '부정'이다.

오답피하기 |
① '깨끗하지 못함, 또는 더러운 것'이라는 의미를 띤다.
② '그렇지 아니하다고 단정하거나 옳지 아니하다고 반대함'이라는 의미를 띤다.
④ '일정하지 아니함'이라는 의미를 띤다.

14 | ③

해설 | '밤새 공부를 하느라 피곤하겠다. 시험공부는 많이 했어?'라는 응답은 〈보기〉의 말에 해결책을 제시하기보다는 상대방에게 공감하는 것에 중점을 두고 있다. 따라서 관계성에 초점을 두고 대화하는 경우로 가장 적절하다.

오답피하기 |
①, ②, ④ 문제 해결을 어떻게 할 것인가에 관심을 갖고 있으므로, 관계성이 아닌 정보성에 초점을 두고 대화하는 경우로 볼 수 있다.

15 | ③

해설 | (A)는 'P이면 Q이다. Q이다. 그러므로 P이다.'라는 형식의 후건 긍정의 오류이다. 'P이면 Q이다. Q가 아니다. 그러므로 P가 아니다.'라는 형식은 전건 부정의 오류나, 후건 긍정의 오류에 해당하지 않는 형식이다.

오답피하기 |
① (A)는 'P이면 Q이다. Q이다. 그러므로 P이다.'라는 형식의 후건 긍정의 오류이고, (B)는 'P이면 Q이다. P가 아니다. 그러므로 Q가 아니다.'라는 형식의 전건 부정의 오류이다.
② 제시문에 따르면 전건 부정의 오류와 후건 긍정의 오류는 전제로부터 결론이 필연적으로 도출되지 않는 타당하지 않은 추론이다. (A)는 후건 긍정의 오류, (B)는 전건 부정의 오류이므로 전제로부터 결론이 필연적으로 도출되지 않는 타당하지 않은 추론이라고 볼 수 있다.
④ 제시문에 따르면 전건 부정의 오류에 해당하는 (가)의 경우 비가 오지 않았더라도 눈이나 안개가 원인이 되어 땅이 젖을 수도 있기 때문에 내용적으로 오류임을 알 수 있다. 마찬가지로 전건 부정의 오류에 해당하는 (B)는 사람이 독버섯을 먹지 않았더라도, 사고나 질병 등의 다른 원인에 의해 그 사람이 죽을 수도 있기 때문에 내용적으로 오류임을 알 수 있다.

16 | ④

해설 | '침습하다'는 '물이 스며들어 젖다'라는 의미이다. 즉, 이 단어는 주어가 '물'일 때 쓸 수 있다. 그러나 ㉣이 속한 문장의 주어는 '땅이'이다. 따라서 ㉣을 '침습할'로 대체하면 문장이 어색해진다.

오답피하기 |
① ㉠의 '얻다'는 '구하거나 찾아서 가지다'라는 의미이다. 이는 '도출하다'와 의미가 유사하다.
② ㉡의 '나타내다'는 '어떤 일의 결과나 징후를 겉으로 드러내다'라는 의미이다. 이는 '표현하다'와 의미가 유사하다.
③ ㉢의 '따지다'는 '옳고 그른 것을 밝혀 가리다'라는 의미이다. 이는 '판단하다'와 의미가 유사하다.

17 | ④

해설 | 제시된 조건을 기호화하면 다음과 같다.
조건1. A 작품 ∨ B 작품
조건2. A 작품 → C 작품
조건1은 세 가지 경우로 나누어 각각 살펴보아야 한다.
(1) 'A 작품, ~B 작품'
'A 작품'이 확정되므로, 조건2에 따라 'C 작품'도 확정된다. 확정된 것을 정리하면 'A 작품, ~B 작품, C 작품'이다.
(2) '~A 작품, B 작품'
'C 작품'인지 '~C 작품'인지는 확정할 수 없다. 확정된 것을 정리하면 '~A 작품, B 작품'이다.
(3) 'A 작품, B 작품'
'A 작품'이 확정되므로, 조건2에 따라 'C 작품'도 확정된다. 확정된 것을 정리하면 'A 작품, B 작품, C 작품'이다.
(3)의 경우 'A 작품, B 작품, C 작품'이 확정되므로, 반드시 참인 것은 '세 작품 모두 신춘문예에 입선할 수도 있다'이다.

오답피하기 |
① (2)의 경우 'A 작품'은 신춘문예에 입선하지 않는다.
② (1)의 경우 'B 작품'은 신춘문예에 입선하지 않는다.
③ (2)의 경우 'C 작품'이 신춘문예에 입선하는지는 확정할 수 없으므로, 세 작품 중 적어도 두 작품이 신춘문예에 입선하는지도 확정할 수 없다.

18 | ②

해설 | 한국 민담 속 주인공이 세계와의 갈등을 비현실적으로 극복한다는 내용은 제시문에 나타나지 않는다. 반면 한국 이외의 민담에서는 영웅이 신비로운 존재나 초자연적 힘을 통해 비현실적으로 세계와의 갈등을 해결한다는 내용이 나타난다. 따라서 ②번의 언급은 적절하지 않다.

오답피하기 |
① 1문단에 따르면 한국 민담은 주로 공동체적 가치를 중심으로 전개된다.
③ 3문단에 따르면 독일의 「헨젤과 그레텔」에서는 두 주인공이 마녀의 집에서 살아남기 위해 독립적으로 지혜를 발휘하고 문제를 해결하는 모습이 나타난다.
④ 3문단에 따르면 한국 이외의 민담은 개인의 자립과 성취를 통해 세계와의 갈등을 해결하는 과정에 초점을 둔다.

19 | ④

해설 | ㉠의 '다르다'는 '비교가 되는 두 대상이 서로 같지 아니하다'라는 의미를 띠는 형용사이다. 문맥상 ㉠의 의미와 가장 유사한 것은 ④번의 '다르다'이다.

오답피하기 |
①, ②, ③ '다른'은 '당장 문제 되거나 해당되는 것 이외의'라는 의미를 띠는 관형사이다. 이는 동일한 의미의 관형사 '딴'으로 대체가 가능하다.

20 | ①

해설 | 2문단에 따르면 '접수'는 지원자를 주체로 해서는 쓸 수 없는 말이므로, 지원자를 주어로 쓰고 싶을 때는 '접수하다', '접수시키다'를 쓸 수 없다. 또한 '제출되다'는 '문안(文案)이나 의견, 법안(法案) 따위가 내어지다'를 뜻하므로, 역시 지원자를 주어로 쓰고 싶을 때는 쓸 수 없다. 따라서 지원자를 주어로 쓰고 싶을 때는 '내다' 또는 '문안(文案)이나 의견, 법안(法案) 따위를 내다'를 뜻하는 '제출하다'를 쓰는 것이 적절하다.

모의고사 4회

1	④	2	②	3	③	4	④	5	①
6	④	7	③	8	①	9	④	10	②
11	④	12	③	13	②	14	③	15	③
16	②	17	①	18	③	19	②	20	④

1 | ④

해설 | 해당 문장은 접속될 때 대등한 관계를 사용하였다. 따라서 이를 ㉣에 따라 "국회 의원들의 청렴도 평가와 부정부패를 척결해야 한다."로 수정하는 것은 적절하지 않다. 이는 접속 조사 '와'로 연결된 '청렴도 평가'와 '부정부패'가 '척결하다'의 목적어로 쓰였으나, '청렴도 평가'는 '척결하다'와 호응하지 않는다.

오답피하기 |

① 주어 '이번 선거'는 서술어 '점이다'와 호응하지 않는다. 따라서 이를 ㉠에 따라 "이번 선거의 특징은 산표가 많이 나왔다는 점이다."로 수정하는 것은 적절하다.
② 해당 문장은 친척들이 사촌 형 결혼식에 한 명도 가지 않았다는 뜻인지, 일부가 가지 않았다는 것인지 명확하지 않다. 따라서 이를 ㉡에 따라 "친척들이 사촌 형 결혼식에 한 명도 가지 않았다."로 수정하는 것은 적절하다.
③ '열정적인'이 '자녀'를 수식하는 것인지, '자녀의 선생님'을 수식하는 것인지 명확하지 않다. 따라서 이를 ㉢에 따라 "부모님께서는 자녀의 열정적인 선생님을 무척 존경하셨다."로 수정하는 것은 적절하다.

2 | ②

해설 | '읽다'는 '~을 읽다'의 문형으로 쓰이므로 반드시 목적어를 필요로 한다. 즉, 적절한 목적어를 추가하여 "나도 책을 읽었다."와 같이 써야 한다. 또한 '넣다'는 '~에 ~을 넣다'의 문형으로 쓰이므로 반드시 부사어와 목적어를 필요로 한다. 즉, 적절한 부사어를 추가하여 "아이가 우체통에 편지를 넣었다."와 같이 써야 한다. 따라서 ㉠에는 '목적어', ㉡에는 '부사어'가 들어가야 한다.

3 | ③

해설 | '하늘에 낮게 깔린 먹구름이 금방 비를 퍼부을 것 같다.'의 '낮게'는 '아래에서 위까지의 높이가 기준이 되는 대상이나 보통 정도에 미치지 못하는 상태에 있다'를 뜻하는 중심적 의미로 쓰였다.

오답피하기 |

① 해당 문장의 '좁아서'는 '마음 쓰는 것이 너그럽지 못하다'를 뜻하는 주변적 의미로 쓰였다.
② 해당 문장의 '가까울'은 '성질이나 특성이 기준이 되는 것과 비슷하다'를 뜻하는 주변적 의미로 쓰였다.
④ 해당 문장의 '컸다'는 '몸이나 마음으로 느끼는 어떤 일의 영향, 충격 따위가 보통 정도를 넘다'를 뜻하는 주변적 의미로 쓰였다.

4 | ④

해설 | '싱아'는 주인공의 유년기를 상징하는 소재이자 그리움의 대상이다. 이는 평화롭고 순수한 고향의 모습을 상징하는 것이지만 주인공은 전쟁을 겪으며 이런 순수했던 세계에서 멀어지며 어른으로 성장하게 된다. 따라서 '싱아'는 성장으로 인해 잃어버린 세계를 뜻하므로 '성장으로 인한 상실'을 뜻한다고 볼 수 있다. 그러나 주인공을 성장시킨 '매개물'이라고 보기는 어렵다. 주인공은 전쟁을 겪으면서 상실을 경험하며 어른이 되었으므로 성장의 매개물은 '전쟁'으로 보는 것이 바람직하다.

5 | ①

해설 | 제시된 조건을 기호화하면 다음과 같다.
조건1. ~갑∨을
조건2. 정→병
조건3. 무→~을 ≡ 을→~무
조건4. 갑

조건4에 따라 '갑'이 확정된다. '갑'이 확정되므로, 조건1의 선언지 제거에 따라 '을'도 확정된다. '을'이 확정되므로, 조건3의 대우에 따라 '~무'가 확정된다. 확정된 것을 정리하면 '갑, 을, ~무'이다. 따라서 반드시 참인 것은 '갑과 을에게 상여금을 지급한다'이다.

오답피하기 |

② 조건4에 따라 '갑'에게 상여금을 지급하므로, 조건1의 선언지 제거에 따라 '을'에게 지급한다.
③ '병'과 '정'에게 상여금을 지급하는지는 확정할 수 없다.
④ '병'과 '정'에게 상여금을 지급하지 않는지는 확정할 수 없으므로, '무'에게만 지급하지 않는지도 확정할 수 없다.

6 | ④

해설 | 제시문에 따르면 한류는 중국인들이 서구 문화의 직수입에 따른 충격을 완화시켜 받아들일 수 있게 하는 역할을 한다. 따라서 한류는 중국인들에게 서구 문화를 간접적으로 접할 수 있게 하는 책과 같은 역할을 하고 있다는 것이 글쓴이의 주장에 가장 부합한다.

오답피하기 |

① 한류가 중국 문화를 서구 문화로 이끄는 견인차 역할을 한다는 것은, 한류가 앞장서서 중국 문화를 서구 문화로 이끈다는 뜻이다. 그러나 글쓴이는 한류가 주체가 되어 중국 문화를 서구 문화로 이끌었다고 주장하지 않았다.
② 글쓴이는 중국인들이 한류에 빠진 것은 서구 문화를 받아들이는 대체 효과가 있기 때문이라고 설명하고 있다. 한류가 중국 문화와 서구 문화 사이에 존재하는 장벽 역할을 한다는 것은 글쓴이의 주장과 상반된다.
③ 한류가 중국인들이 서구 문화로 발전할 수 있게 하는 터전의 역할을 한다는 것은, 한류가 중국인들이 서구 문화로 발전해 나가는 기초를 제공했다는 뜻이다. 그러나 글쓴이는 한류가 중국인들이 서구 문화로 발전할 수 있게 하는 터전의 역할을 하고 있다고 주장하지 않았다.

7 | ③

해설 | 1문단에 따르면 간디는 지배와 착취와 억압의 구조를 타파하려 했다. 즉, 간디는 그러한 구조에 길들여져 온 심리적 습관과 욕망을 뿌리로부터 변화시키는 일을 실현하려 노력했다고 볼 수 있다. 따라서 ㉢은 문맥적으로 적절하다. 이를 '유지하는'으로 수정하면 오히려 전체의 흐름이 어색해진다.

오답피하기 |

①, ② 1문단에 따르면 간디는 몽상가가 아니다. 즉, 그의 비폭력주의는 비현실적이며, 수동적인 저항이 아니다. 따라서 ㉠은 '유효한'으로 수정하는 것이 적절하고, ㉡은 '수동적인'으로 수정하는 것이 적절하다.
④ 2문단에 따르면 간디의 관점에서 볼 때, 서양의 산업 문명은 사람의 정신을 병들게 하여 내면적인 평화와 명상의 생활을 불가능하게 만드는 것이다. 따라서 ㉣을 '불가능하게'로 수정하는 것이 적절하다.

8 | ①

해설 | 제시된 조건을 기호화하면 다음과 같다.
조건1. A 지역 → B 지역 ≡ ~B 지역 → ~A 지역
조건2. C 지역 → D 지역 ∨ F 지역
조건3. D 지역 ∨ F 지역 → ~B 지역 ≡ B 지역 → ~D 지역 ∧ F 지역
조건4. E 지역 → D 지역 ∨ F 지역 ≡ ~D 지역 ∧ ~F 지역 → ~E 지역
제시된 조건만으로는 확정되는 것이 없으므로 선택지를 살펴보아야 한다. 'A 지역에 대설 주의보가 발령되면 E 지역에는 대설 주의보가 발령되지 않는다'는 'A 지역 → ~E 지역'이다. 조건1, 조건3의 대우, 조건4의 대우를 결합하면 'A 지역 → B 지역 → ~D 지역 ∧ ~F 지역 → ~E 지역'이 된다. 따라서 'A 지역 → ~E 지역'이 도출된다.

오답피하기 |
② 'C 지역에 대설 주의보가 발령되면 A 지역에도 대설 주의보가 발령된다'는 'C 지역 → A 지역'이다. 그러나 조건2, 조건3, 조건1의 대우를 결합하면 'C 지역 → D 지역 ∨ F 지역 → ~B 지역 → ~A 지역'이 된다. 따라서 'C 지역 → ~A 지역'이 도출된다.
③ 'D 지역이나 F 지역에 대설 주의보가 발령되면 A 지역에도 대설 주의보가 발령된다'는 'D 지역 ∨ F 지역 → A 지역'이다. 그러나 조건3, 조건1의 대우를 결합하면 'D 지역 ∨ F 지역 → ~B 지역 → ~A 지역'이 된다. 따라서 'D 지역 ∨ F 지역 → ~A 지역'이 도출된다.
④ 'D 지역에 대설 주의보가 발령되지 않으면 F 지역에도 대설 주의보가 발령되지 않는다'는 '~D 지역 → ~F 지역'이다. 그러나 '~D 지역 → ~F 지역'이 도출되지는 않는다.

9 | ④

해설 | 제시문의 자연스러운 흐름은 다음과 같다. (다) '창가'가 원래 서양곡 노래 명칭을 뜻했으며, (나) 따라서 '창가'는 일본 전통의 노래가 아닌 서양의 가곡을 가리키는 말이지만 '창가'를 시라 부른다고 해도 잘못은 아니라는 내용으로 이어진다. (가) 문제는 그것이 정형률로 쓰인다는 점인데, (라) 다만 '창가'의 정형률은 전통적인 규범만을 따르지 않기 때문에 전통 가사와 조는 다를 뿐이다. 따라서 제시문의 전개 순서로 가장 자연스러운 것은 (다)-(나)-(가)-(라)이다.

10 | ②

해설 | 1문단에 따르면 표면 장력이 강해지려면 물 분자 간의 결합력이 지속적으로 증가해야 하며, 물 표면의 분자들이 서로 더 가까워져야 한다. 따라서 빈칸에는 표면 장력이 강해지는 것과 관련된 내용이 들어가야 하므로, ②번의 '표면의 분자 간의 인력이 가장 강한 것'이 가장 적절하다.

오답피하기 |
① 빈칸에는 표면 장력이 강해지는 것과 관련된 내용이 들어가는데, 표면의 분자 간의 거리가 멀어지면 표면 장력은 오히려 약해지므로 이는 빈칸에 들어가기에 적절하지 않다.
③ 빈칸에는 표면 장력이 강해지는 것과 관련된 내용이 들어가야 하는데, 안쪽 물 분자 간의 결합력이 가장 강하면 표면 물 분자 간의 결합력은 상대적으로 약하다는 의미이므로 이는 빈칸에 들어가기에 적절하지 않다.
④ 빈칸에는 표면 장력이 강해지는 것과 관련된 내용이 들어가야 하는데, 부력에 의한 분자의 상승 속도가 일정한 것은 표면 장력이 강해지는 것과 관련이 없으므로 이는 빈칸에 들어가기에 적절하지 않다.

11 | ④

해설 | ㉠의 '받다'는 '(무엇이 빛이나 열, 바람 따위의 자연 현상을) 쐬거나 영향을 입다'라는 의미를 띤다. ㉠의 문맥적 의미와 가장 유사한 것은 ④번의 '받다'이다.

오답피하기 |
① '다른 사람이 주거나 보내오는 물건 따위를 가지다'라는 의미를 띤다.
② '(단체나 기관 따위에서 일정한 돈이나 물건을) 사람들로부터 거두다'라는 의미를 띤다.
③ '다른 사람이 바치거나 내는 돈이나 물건을 책임 아래 맡아 두다'라는 의미를 띤다.

12 | ③

해설 | 병은 첫 번째 발화에서도 정부와 민간의 협력이 중요하다고 말하며 둘의 협력을 강조하고 있으며, 두 번째 발화에서도 마찬가지로 둘의 협력이 중요하다고 주장하고 있다. 따라서 병이 자신의 입장을 바꾸었다는 ③번의 진술은 적절하지 않다.

오답피하기 |
① 갑은 두 번째 발화에서 혁신 산업은 초기 단계에서 불확실성이 크기 때문에 정부의 지원이 필요하다고 주장하고 있다.
② 을은 첫 번째 발화에서 정부 주도의 산업 육성은 자원 배분의 비효율성을 초래할 수 있다고 말하며 갑의 주장을 반박하고 있다.
④ 갑과 병 모두 첫 번째, 두 번째 발화에서 정부의 역할이 중요하다고 말하고 있다.

13 | ②

해설 | ㄷ. 1문단에 따르면 관세를 부과하거나 비관세 장벽을 마련하는 까닭은 자국 기업을 보호하기 위해서이다. 따라서 ㄷ은 적절하다.

오답피하기 |
ㄱ. 수입되는 영화용 필름에 1m당 5원의 세금을 부과했다면 이는 수입품의 용적을 기준으로 세금을 부과한 것이므로 종량세에 해당한다. 그러나 ㄱ은 이를 종가세로 본 것이므로 적절하지 않다.
ㄴ. 잔류 농약 허용치를 강화하여 농산물의 수입량을 줄인 것은 세금을 부과한 무역 제한 조치가 아니므로 관세 장벽이 아니라 비관세 장벽에 해당한다. 따라서 ㄴ은 적절하지 않다.

14 | ③

해설 | '증가시키다'는 '이전보다 더 늘어나게 하거나 많아지게 하다'라는 의미를 띤다. 이는 '잘못이나 책임을 다른 사람에게 넘겨씌우다'라는 의미를 띠는 '전가하다'와 의미상 통하지 않는다. 따라서 ㉢을 '전가하다'로 대체하기는 어렵다.

오답피하기 |
① ㉠의 '사고팔다'는 '물건 따위를 사기도 하고 팔기도 하다'라는 의미를 띤다. 따라서 이는 '매매하다'로 대체가 가능하다.
② ㉡의 '보호하다'는 '위험이나 곤란 등이 미치지 않도록 잘 보살펴 돌보거나 지키다'라는 의미를 띤다. 따라서 이는 '지키다'로 대체가 가능하다.
④ ㉣의 '부과하다'는 '세금이나 부담금 따위를 매기어 부담하게 하다'라는 의미를 띤다. 따라서 이는 '매기다'로 대체가 가능하다.

15 | ③
해설 | 제시된 전제를 기호화하면 다음과 같다.
(가) 서예 → 문인화 ≡ ~문인화 → ~서예
(나) 한국화∧~문인화
(나)에서 (가)의 대우를 활용하여 '한국화∧~서예'가 도출된다. 이를 말로 풀어 내면 '공무원 미술전에서 한국화 부문에 출품하는 공무원 중 일부는 서예 부문에 출품하지 않는다'이다.
오답피하기 |
① '공무원 미술전에서 한국화 부문에 출품하는 공무원 중 일부는 서예 부문에 출품한다'는 '한국화∧서예'이다.
② '공무원 미술전에서 서예 부문에 출품하는 공무원은 모두 한국화 부문에 출품하지 않는다'는 '서예 → ~한국화'이다.
④ '공무원 미술전에서 문인화 부문에 출품하지만 한국화 부문에 출품하지 않는 공무원은 모두 서예 부문에 출품하지 않는다'는 '문인화∧~한국화 → ~서예'이다.

16 | ②
해설 | 높은 세금과 강력한 재분배 정책을 시행한 국가는 빈부 격차를 용인하지 않는 국가이다. 이러한 국가의 경제 성장률이 상승하였다면 이는 ㉠의 주장을 약화하지 않고 강화한다.
오답피하기 |
① 빈부 격차가 심한 국가에서 오히려 범죄율이 낮게 유지되었다면 이는 ㉠의 주장을 약화한다.
③ 빈부 격차가 큰 사회에서 계층 간의 이동성이 강해졌다면 이는 ㉠의 주장을 약화한다.
④ 빈부 격차가 심한 나라에서 사회 통합 활동이 나타났다면 이는 ㉠의 주장을 약화한다.

17 | ①
해설 | 제시문에 따르면 '저희'는 '우리'의 낮춤말로, 청자인 상대방을 높이기 위해서 사용한다. 따라서 '저희'가 청자를 포함하여 지칭하면 상대방까지 낮추게 되는데, 이는 본래 상대방을 높이기 위해서 '저희'를 사용하는 것에 모순된다. 이에 따라 '저희'는 의미상 화자만 지칭하게 될 것이다. 그래서 '저희가 그 일을 하겠습니다'와 같은 문장의 경우 '저희'는 화자만 지칭하며 청자를 지칭하지는 않는다. 따라서 빈칸에 들어갈 말로 가장 적절한 것은 '화자만 지칭한다'이다.

18 | ③
해설 | 문학은 독재자에 맞서는 칼보다 날카로운 펜이라는 주장은 문학은 독재자를 비판하는 저항의 수단이라는 것이다. 그런데 문학이 이 역할을 제대로 하기 위해서는 검열에서 벗어날 수 있어야 한다. 따라서 이 주장이 받아들여진다면 (나)의 주장은 약화될 것이다.

오답피하기 |
① 문학은 금기에 저항하는 솔직한 고백이라는 주장은 문학은 검열로부터 자유로워야 한다는 (가)의 주장과 일맥상통한다. 따라서 이 주장이 받아들여진다면 (가)의 주장은 강화될 것이다.
② 문학은 세상에 존재하는 가장 강력한 마취제라는 주장은 문학이 사람의 감각이나 판단을 무디게 만든다는 것이다. 이는 문학이 타인을 선동하며 타인의 판단을 무너뜨릴 수 있다는 주장으로 해석해 볼 수 있다. 따라서 이 주장이 받아들여진다면 (가)의 주장은 약화될 것이다.
④ 문학의 본질은 어떠한 간섭도 받지 않는 자유로움에 있다는 주장은 문학은 검열로부터 자유로워야 한다는 의미를 담고 있다. 따라서 이 주장이 받아들여진다면 (나)의 주장은 약화될 것이다.

19 | ②
해설 | ㉠~㉤의 문맥적 의미를 파악하면 다음과 같다.
㉠: 문학의 영향을 받는 사람들–독자
㉡: 문학 검열을 지지하는 사람들
㉢: 문학의 영향을 받는 사람들–독자
㉣: 문학을 선동의 도구로 삼는 사람들–작가
㉤: 문학의 영향을 받는 사람들–독자
따라서 동질적인 의미를 띠는 것은 '㉠, ㉢, ㉤'이다.

20 | ④
해설 | 제시된 조건을 기호화하면 다음과 같다.
조건1. 교행직 → 일행직 ≡ ~일행직 → ~교행직
조건2. 사서직 → 일행직
조건3. 경찰직 → ~일행직 ≡ 일행직 → ~경찰직
조건4. ~경찰직 → 소방직 ≡ ~소방직 → 경찰직
제시된 조건만으로는 확정되는 것이 없으므로 선택지를 살펴보아야 한다. '소방직에 관심이 없는 수험생은 교행직에도 관심이 없다'는 '~소방직 → ~교행직'이다. 조건4의 대우, 조건3, 조건1의 대우를 결합하면 '~소방직 → 경찰직 → ~일행직 → ~교행직'이 된다. 따라서 '~소방직 → ~교행직'이 도출된다.
오답피하기 |
① '일행직에 관심이 있는 수험생은 사서직에도 관심이 있다'는 '일행직 → 사서직'이다. 그러나 조건2의 역인 '일행직 → 사서직'은 성립하지 않는다.
② '사서직에 관심이 있는 수험생은 소방직에는 관심이 없다'는 '사서직 → ~소방직'이다. 그러나 조건2, 조건3의 대우, 조건4를 결합하면 '사서직 → 일행직 → ~경찰직 → 소방직'이 된다. 따라서 '사서직 → 소방직'이 도출된다.
③ '경찰직에 관심이 있는 수험생은 교행직에도 관심이 있다'는 '경찰직 → 교행직'이다. 그러나 조건3, 조건1의 대우를 결합하면 '경찰직 → ~일행직 → ~교행직'이 된다. 따라서 '경찰직 → ~교행직'이 도출된다.

모의고사 5회

1	①	2	②	3	①	4	②	5	④
6	④	7	①	8	③	9	③	10	③
11	②	12	③	13	④	14	①	15	②
16	①	17	②	18	②	19	③	20	④

1 | ①
해설 | '통보'는 권위적인 표현에 해당한다. 그러나 이를 '안내 알림'으로 수정해도 중복되는 표현에 해당한다. 즉, '안내'와 '알림'은 비슷한 뜻이므로 둘 중 하나만 써야 한다. 따라서 '권위적이거나 중복되는 표현을 삼갈 것'이라는 원칙에 따라 이를 '알림'으로 수정해야 한다.

오답피하기 |
② '추진 중인'의 수식을 받기 위해서는 '관리 카드 갱신'처럼 행위를 나타내는 말이어야 한다. 따라서 '수식어구가 무엇을 수식하는지를 분명히 알 수 있는 표현을 사용할 것'이라는 원칙에 따라 이를 '추진 중인 지시 사항 관리 카드 갱신을'로 수정하는 것은 적절하다.
③ '지시 사항을 이행하고'와 '추진 상황 점검'은 구조가 같지 않다. 따라서 '대등한 것끼리 접속할 때는 구조가 같은 표현을 사용할 것'이라는 원칙에 따라 이를 '지시 사항 이행과 추진 상황 점검에 소홀함이 없도록'으로 수정하는 것은 적절하다.
④ '싣다'는 '~에 ~을 싣다'의 문형으로 쓰인다. 따라서 '필요한 문장 성분이 생략되지 않도록 할 것'이라는 원칙에 따라 이를 '도보에 도지사 지시 사항을 실어 주시기 바랍니다'로 수정하는 것은 적절하다.

2 | ②
해설 | 2문단에 따르면 용언의 명사형은 부사어의 수식을 받고, 파생 명사는 관형어의 수식을 받는다. 해당 문장의 '삶'은 임의의 부사어 '행복하게'의 수식을 받을 수 있으므로, 동사 '살다'의 어간 '살-'에 명사형 전성 어미 '-ㅁ'이 결합한 동사의 명사형이다. 그러나 나머지 선택지의 단어들은 모두 명사 파생 접사가 결합한 파생 명사이다.

오답피하기 |
① 해당 문장의 '달리기'는 임의의 관형어 '빠른'의 수식을 받을 수 있으므로, 동사 '달리다'의 어근 '달리-'에 명사 파생 접사 '-기'가 결합한 파생 명사이다.
③ 해당 문장의 '울음'은 임의의 관형어 '슬픈'의 수식을 받을 수 있으므로, 동사 '울다'의 어근 '울-'에 명사 파생 접사 '-음'이 결합한 파생 명사이다.
④ 해당 문장의 '춤'은 임의의 관형어 '멋진'의 수식을 받을 수 있으므로, 동사 '추다'의 어근 '추-'에 명사 파생 접사 '-ㅁ'이 결합한 파생 명사이다.

3 | ①
해설 | '우는'은 '울-+-는'이 결합하여 용언 어간의 끝소리 'ㄹ'이 'ㄴ'으로 시작하는 어미 앞에서 탈락하는 경우이다. 나머지는 모두 파생어나 합성어가 만들어지는 과정에서 'ㄴ, ㄷ, ㅈ' 앞에서 'ㄹ'이 탈락하는 경우이다.

오답피하기 |
② '소나무'는 '솔+나무'가 결합하여 합성어가 만들어지는 과정에서 'ㄴ' 앞에서 'ㄹ'이 탈락하는 경우이다.
③ '다달이'는 '달+달+-이'가 결합하여 파생어가 만들어지는 과정에서 'ㄷ' 앞에서 'ㄹ'이 탈락하는 경우이다.
④ '우짖다'는 '울-+짖-+-다'가 결합하여 합성어가 만들어지는 과정에서 'ㅈ' 앞에서 'ㄹ'이 탈락하는 경우이다.

4 | ②
해설 | ㉠이 포함된 문장은 소녀와 소년이 친구 관계처럼 보이지만 그렇지 않다는 의미를 띠고 있다. 따라서 ㉠에는 친한 사이가 아님을 의미하는 '은근한 거리감과 호기심'이 들어가는 것이 적절하다. 한편 ㉡은 익숙한 세계에서 벗어나 성숙한다는 내용이 후술되므로, ㉡에는 '낯익은 공간에서 벗어남'이 들어가는 것이 적절하다. 마지막으로 ㉢에는 이별, 죽음에 대한 성찰과 관련된 내용이 들어가야 하므로, '죽음이나 이별'이 들어가는 것이 적절하다.

5 | ④
해설 | 제시된 조건을 기호화하면 다음과 같다.
조건1. 갑→을 ≡ ~을→~갑
조건2. ~병→~을 ≡ 을→병
조건3. 정→병 ≡ ~병→~정
제시된 조건만으로는 확정되는 것이 없으므로 선택지를 살펴보아야 한다. '병이 시험에 응시하지 않는다면, 갑도 시험에 응시하지 않는다'는 '~병→~갑'이다. 조건2, 조건1의 대우를 결합하면 '~병→~을→~갑'이 된다. 따라서 '~병→~갑'이 도출된다.

오답피하기 |
① '갑이 시험에 응시한다면, 정도 시험에 응시한다'는 '갑→정'이다. 조건1, 조건2의 대우를 결합하면 '갑→을→병'이 된다. 그러나 조건3의 역인 '병→정'은 성립하지 않으므로 '갑→정'은 도출되지 않는다.
② '병이 시험에 응시한다면, 갑도 시험에 응시한다'는 '병→갑'이다. 조건1, 조건2의 대우를 결합하면 '갑→을→병'이 된다. 그러나 '갑→병'의 역인 '병→갑'은 성립하지 않는다.
③ '을이 시험에 응시하지 않는다면, 정도 시험에 응시하지 않는다'는 '~을→~정'이다. 그러나 조건2의 역인 '~을→~병'은 성립하지 않아 조건3의 대우와 결합할 수 없으므로 '~을→~정'은 도출되지 않는다.

6 | ④
해설 | 제시문에는 인물의 행동을 극적으로 제시하는 것과 관련된 내용이 나타나지 않는다. 따라서 이는 '칸'의 기능으로 보기 어렵다.

오답피하기 |
① 1문단에 따르면 만화의 칸은 내러티브의 흐름에 변화를 주고 완급을 조절할 수 있다. 이때 내러티브는 사건 또는 서사를, 완급은 느림과 빠름을 의미한다. 따라서 만화의 '칸'이 사건의 속도를 조절한다고 볼 수 있다.
② 1문단에 따르면 확장칸은 작가가 강조하고자 하는 것을 표현하기 위해 사용된다. 따라서 만화의 '칸'이 작가의 의도를 드러낸다고 볼 수 있다.

③ 1문단에 따르면 만화의 칸은 내러티브의 흐름에 변화를 주고 완급을 조절할 수 있다. 이때 내러티브는 서사를 의미한다. 따라서 만화의 '칸'이 서사의 흐름에 변화를 준다고 볼 수 있다.

7 | ①

해설 | 제시문의 자연스러운 흐름은 다음과 같다. (마) 우리 몸이 상처를 입으면 나타나는 염증 반응의 과정에 대해 알아보려 한다. → (가) 우선 상처받은 조직에 있는 세포는 '히스타민'과 같은 화학 신호를 우리 몸으로 내보내고, → (다) 내보내진 '히스타민'은 혈관을 확장시키고 이를 통해 혈관 내 물질들이 밖으로 이동하기 쉽게 된다. → (나) 이후 확장된 혈관을 통해 백혈구가 빠져나와 상처 부위의 박테리아를 잡아먹고, → (라) 이 과정에서 백혈구도 박테리아에 의해 죽게 되고 염증 반응을 경험하게 된다. 따라서 제시문의 전개 순서로 가장 자연스러운 것은 (마)-(가)-(다)-(나)-(라)이다.

8 | ③

해설 | 제시된 전제를 기호화하면 다음과 같다.
전제1. 수영 → 역도∧유도 ≡ ~역도∨~유도 → ~수영
전제2. 역도 → 펜싱
결론. ~양궁 → ~수영
'올림픽 경기에서 역도와 유도 종목을 시청하는 국민은 모두 양궁 종목을 시청한다'는 '역도∧유도 → 양궁'이고, 이의 대우는 '~양궁 → ~역도∨~유도'이다. 이를 전제1의 대우와 결합하면 '~양궁 → ~역도∨~유도 → ~수영'이 된다. 따라서 '~양궁 → ~수영'이 도출된다.

오답피하기 |
① '올림픽 경기에서 펜싱 종목을 시청하는 어떤 국민은 양궁 종목을 시청한다'는 '펜싱∧양궁'이다. 그러나 이를 추가해도 '~양궁 → ~수영'이 도출되지는 않는다.
② '올림픽 경기에서 양궁 종목을 시청하는 국민은 모두 수영 종목을 시청한다'는 '양궁 → 수영'이다. 그러나 '양궁 → 수영'의 이인 '~양궁 → ~수영'은 성립하지 않는다.
④ '올림픽 경기에서 유도 종목을 시청하는 국민이 모두 양궁 종목을 시청하는 것은 아니다'는 '~(유도 → 양궁) ≡ 유도∧~양궁'이다. 그러나 이를 추가해도 '~양궁 → ~수영'이 도출되지는 않는다.

9 | ③

해설 | 제시문에 따르면 실록이 당대 신하들과 후계 왕의 관심 속에서 서술되기 때문에 현대사와 동일한 딜레마에 놓일 수밖에 없다. 이를 다르게 표현하면 사건과 관련된 당사자들이 아직 생존해 있기 때문에 현실적 이해관계가 얽혀 객관성을 확보하기 쉽지 않다는 의미이다. 따라서 빈칸에 들어갈 말로 가장 적절한 것은 ③번이다. 나머지 선택지는 앞선 문맥과의 연결고리가 없기 때문에 정답이 될 수 없다.

10 | ③

해설 | 2문단에 따르면 선거구의 종류는 선거의 결과에 큰 영향을 주는 요소이다. 따라서 소선거구가 중선거구로 선거구의 종류가 바뀌게 되면 선거의 양상이 달라질 수 있다는 ③번의 언급은 적절하다.

오답피하기 |
① 1문단에서 예로 들고 있는 우리나라의 국회 의원 선거나 미국 의회 선거, 이스라엘 의회 선거는 선거구에 따른 선거 방식의 차이를 보여 준다. 이는 선거구의 종류를 세분화하는 기준이 다양함을 보여 주는 것이 아니다.
② 2문단에 따르면 대선거구는 6명 이상을, 중선거구는 2~5명의 의원을 선출한다. 따라서 대선거구보다 중선거구에서 더 많은 의원을 선출할 수는 없다.
④ 2문단에 따르면 소선거구에서는 한 명의 의원을 선출한다. 그러나 전국을 하나의 선거구로 의원을 뽑는 경우에는 한 명의 의원만 뽑지 않을 것이다. 이스라엘처럼 전국을 하나의 선거구로 해서 전체 의원을 뽑을 것이므로 소선거구 제도를 채택한다고 보기 어렵다.

11 | ②

해설 | 2문단에 따르면 중성자는 확산력을 받아 내부에서 외곽으로 이동하게 된다. 그런데 감속재의 영향을 받기 시작함에 따라 중성자의 속도는 줄어든다. 즉, 외곽으로 갈수록 중성자의 속도가 줄어들어 중성자가 연쇄 반응에 참여하지 못하게 된다. 따라서 빈칸에 들어갈 말로 가장 적절한 것은 '외곽으로 갈수록 중성자의 속도가 느려져'이다.

오답피하기 |
① 2문단에 따르면 중성자는 내부에서 외곽으로 이동하게 된다.
③, ④ 내부나 외부에 따라 감속재의 양이 달라진다는 내용은 제시문에 나타나지 않는다.

12 | ③

해설 | ㉠의 '이어지다'는 '(일이나 상태가) 시간상으로 끊어지지 않고 계속되다'라는 의미를 띤다. ㉠의 문맥적 의미와 가장 유사한 것은 ③번의 '이어지다'이다. 나머지 ①, ②, ④번의 '이어지다'는 '(떨어진 것이) 서로 잇대어져 붙다'라는 의미를 띤다.

13 | ④

해설 | 강연자는 법률상으로는 노년층을 차별하지 않지만, 경제적 지위를 결정할 때에는 유독 노년층을 차별적으로 대우한다며 이에 대한 문제의식을 표출하고 있다. 따라서 '노년층의 경제적 지위가 부당하게 대우받지 않도록 고려해야겠군.'이라는 것은 강연 내용에 대한 반응으로 가장 적절하다.

오답피하기 |
① 강연자는 경제적 지위를 결정할 때 노년층을 차별적으로 대우하는 것에 대한 문제의식을 표출하고 있다. 그러나 연령별로 적절한 경제적 지원책을 마련한다는 것은 노년층을 비롯한 전 연령층을 대상으로 삼은 것이므로 강연 내용에 대한 적절한 반응으로 보기 어렵다.
② 강연자는 경제적 지위를 결정할 때 노년층을 차별적으로 대우하는 것에 대한 문제의식을 표출하고 있다. 그러나 법적 형평성을 고려하여 연령에 따른 처벌 수위를 조절해야 한다는 것은 강연 내용에 대한 적절한 반응으로 보기 어렵다.
③ 강연자는 경제적 지위를 결정할 때 노년층을 차별적으로 대우하는 것에 대한 문제의식을 표출하고 있다. 그러나 소외당하고 있는 노인들을 위한 사회 보장 제도를 마련해야 한다는 것은 노년층의 경제적 지위에 초점을 둔 것이 아니므로 강연 내용에 대한 적절한 반응으로 보기 어렵다.

14 | ①

해설 | 제시된 전제를 기호화하면 다음과 같다.
(가) 영화 평론가∧OTT 서비스
(나) 영화관→~OTT 서비스 ≡ OTT 서비스→~영화관
(가)에서 (나)의 대우를 활용하여 '영화 평론가∧~영화관'이 도출된다. 이를 말로 풀어 내면 '영화 평론가 중 일부는 영화관에 가지 않는다'이다.

오답피하기 |
② 'OTT 서비스를 구독하는 사람은 영화 평론가이다'는 'OTT 서비스→영화 평론가'이다.
③ 'OTT 서비스를 구독하는 사람은 영화 평론가가 아니다'는 'OTT 서비스→~영화 평론가'이다.
④ '영화관에 가면서 OTT 서비스도 구독하는 영화 평론가가 있다'는 '영화관∧OTT 서비스∧영화 평론가'이다.

15 | ②

해설 | 제시문에 따르면 ⊙'보유 효과'는 사람들이 어떤 물건, 지위, 권력 등을 소유하고 있을 때 그 가치를 높게 평가하여 그것을 포기하지 않으려고 하는 심리 현상을 말한다. 이러한 '보유 효과'에 해당하는 것은 ②번이다. ②번에서 사람들이 상품을 일정 기간 사용하여 소유하게 되면, 이후에 그것을 반환하여 환불받을 수 있으나 상품을 포기하지 않으려고 하기 때문에 그것을 구매하는 것이라고 볼 수 있다.

16 | ①

해설 | 금융 제도 간소화를 통해 금융 규제를 철폐하면 그만큼 개인이나 기업의 자유는 더욱 증진된다. 그런데 이러한 자유로 인해 빈부 격차가 심화되어 사회 갈등이 증가하였다면, 자유 확대가 악영향을 끼친 사례가 된다. 따라서 이는 ⊙의 주장을 강화한다.

오답피하기 |
② 정부의 규제 완화가 되면 기업이나 개인의 자유는 증진된다. 이로 인해 기업의 생산성이 향상되고 경제 성장률이 높아지게 되었다면, 자유 확대로 인해 사회적 이익이 증진된 것이다. 따라서 이는 ⊙의 주장을 약화한다.
③ 개인의 자유를 최대한 보장하였더니 혁신적인 기업들이 많이 생겨났다면, 자유 확대로 인해 기업의 창의성이 늘어나게 될 것이다. 따라서 이는 ⊙의 주장을 약화한다.
④ 개인의 자유를 중시하는 사회에서 자원봉사 활동과 기부 문화가 더욱 활성화되었다면, 자유 확대로 인해 사회적 화합이 이루어지게 된 것이다. 따라서 이는 ⊙의 주장을 약화한다.

17 | ②

해설 | 제시된 전제를 기호화하면 다음과 같다.
(가) 문법 지식∧논리 추론 능력
(나) (   )
결론. 문법 지식∧독해력
결론의 '문법 지식∧독해력'이 도출되기 위해서는 (가)의 '논리 추론 능력'을 '독해력'으로 바꾸어 주면 된다. 즉, '논리 추론 능력→독해력'이 추가되어야 한다. 이를 말로 풀어 내면 '논리 추론 능력이 우수한 학생은 모두 독해력이 뛰어나다'이다.

오답피하기 |
① '독해력이 뛰어난 학생이 있다'는 '독해력'이다. 그러나 이를 추가해도 '문법 지식∧독해력'이 도출되지는 않는다.
③ '독해력이 뛰어난 학생 중 일부는 논리 추론 능력이 우수하다'는 '독해력∧논리 추론 능력'이다. 그러나 이를 추가해도 '문법 지식∧독해력'이 도출되지는 않는다.
④ '논리 추론 능력이 우수한 학생은 모두 문법 지식이 풍부하다'는 '논리 추론 능력→문법 지식'이다. 그러나 이를 추가해도 '문법 지식∧독해력'이 도출되지는 않는다.

18 | ③

해설 | 예술은 사회 변화의 핵심 동력으로 작용해야 한다는 주장은 예술의 사회적 참여를 적극적으로 요구하는 것이다. 따라서 이 주장이 받아들여진다면 (나)의 주장은 약화되지 않고, 강화될 것이다.

오답피하기 |
① 사회 내에 존재하는 어떤 것도 사회와 상호 작용할 수밖에 없다는 주장은 예술이라고 할지라도 사회와 영향을 주고받을 수밖에 없으므로 예술의 사회 참여가 필요하다는 것이다. 따라서 이 주장이 받아들여진다면 (가)의 주장은 약화될 것이다.
② 예술은 현실을 초월한 것이라는 주장은 예술은 사회와 무관한 것이므로 사회 참여에 힘쓸 필요가 없다는 것이다. 따라서 이 주장이 받아들여진다면 (가)의 주장은 강화될 것이다.
④ 세상에 있는 그 어떤 것도 공동체에 유익하지 않으면 가치가 없다는 주장은 예술의 실용성을 강조한 것이다. 따라서 이 주장이 받아들여진다면 (나)의 주장은 강화될 것이다.

19 | ③

해설 | ⊙~⊎의 문맥적 의미를 파악하면 다음과 같다.
⊙: 예술의 목적-사회 참여, 아름다움 모두 포괄
ⓛ: 사회로부터 독립된 예술의 미적 가치
ⓒ: 현실(사회)을 초월한 예술의 미적 가치
②: 사회적 문제
⑩: 사회로부터 독립된 예술의 미적 가치
⊎: 사회적 문제
따라서 'ⓛ, ⓒ, ⑩', '②, ⊎'끼리 동질적인 의미를 띤다.

20 | ④

해설 | 해당 문장의 '마음조차'는 '마음을'로 바꾸어 볼 수 있으므로 목적어이다. 제시문에 따르면 목적어는 부속 성분이 아닌 주성분에 해당한다.

오답피하기 |
① 해당 문장의 '이에서'는 부사격 조사 '에서'가 결합하였으므로 부사어이다. 제시문에 따르면 부사어는 부속 성분에 해당한다.
② 해당 문장의 '집'은 '안'을 수식하므로 관형어이다. 제시문에 따르면 관형어는 부속 성분에 해당한다.
③ 해당 문장의 '학교에서'는 부사격 조사 '에서'가 결합하였으므로 부사어이다. 제시문에 따르면 부사어는 부속 성분에 해당한다.

신유형 봉투 모의고사

정답과 해설